贵州省农业保险对农业产业发展的影响及转型发展研究

李梅华 著

西南交通大学出版社
·成都·

图书在版编目（CIP）数据

贵州省农业保险对农业产业发展的影响及转型发展研究 / 李梅华著. —成都：西南交通大学出版社，2023.5

ISBN 978-7-5643-9255-0

Ⅰ.①贵… Ⅱ.①李… Ⅲ.①农业保险–影响–农业产业–产业发展–研究–贵州 Ⅳ.①F327.73

中国国家版本馆 CIP 数据核字（2023）第 068595 号

Guizhou Sheng Nongye Baoxian dui Nongye Chanye Fazhan de Yingxiang ji Zhuanxing Fazhan Yanjiu

贵州省农业保险对农业产业发展的影响及转型发展研究

李梅华　著

责任编辑	罗爱林
封面设计	墨创文化
出版发行	西南交通大学出版社 （四川省成都市金牛区二环路北一段 111 号 西南交通大学创新大厦 21 楼）
发行部电话	028-87600564　028-87600533
邮政编码	610031
网　　址	http://www.xnjdcbs.com
印　　刷	成都蜀通印务有限责任公司
成品尺寸	170 mm × 230 mm
印　　张	11.5
字　　数	159 千
版　　次	2023 年 5 月第 1 版
印　　次	2023 年 5 月第 1 次
书　　号	ISBN 978-7-5643-9255-0
定　　价	65.00 元

图书如有印装质量问题　本社负责退换
版权所有　盗版必究　举报电话：028-87600562

前言

农业为社会生产生活提供基本物质资料,是国民经济建设与发展的基础产业,世界各国都高度重视农业的稳定与发展。党的二十大报告提出,要全面推进乡村振兴,坚持农业农村优先发展,加快建设农业强国。长期以来,我国主要依靠增加劳动力、资本、土地资源等生产要素的投入来实现农业产出的增加,这种粗放型的增长方式效率低下,不可持续。面对国内外环境深刻复杂的变化,我国农业发展面临不少矛盾和挑战。加快推进农业农村现代化,持续深化农业供给侧结构性改革,是实现农业高质量发展的必然选择。

农业生产并不总是一帆风顺的,其具有天然的弱质性,自古便有"看天吃饭"的说法,水涝旱灾病虫害等是困扰农业生产的主要问题。随着我国市场化改革的不断深入,"谷贱伤农"等农业市场风险也开始凸显。农业保险作为农业风险管理的金融工具,加上世界贸易组织"绿箱政策"的国际地位,如今备受各国重视。我国农业保险起步较晚,但是发展迅速。2020年全国农业保险保费规模达到 815 亿元,超越美国成为全球最大的市场主体,近年来在疫情之下依然保持高速增长,2022 年达到 1 219 亿元,年均增长率超过 20%。农业保险具有风险转移、经济补偿、资金融通、社会管理等职能,一直被赋予多种政策使命,已成为我国农业支持保障体系的主要政策之一。财政部、农业农村部、银保监会和国家林草局 2019 年联合印发《关于加快农业保险高质量发展的指导意见》,标志着我国农业保险开始向提质增效的高质量发展转型,在该背景下研究农业保险对农业产业发展的影响具有重要的现实意义。

贵州省是我国西部经济欠发达省份之一，随着 2020 年全面实现脱贫摘帽，进一步加快农业产业发展，以"产业增收"构筑长效防贫机制，成为贵州省巩固拓展脱贫攻坚成果同乡村振兴有效衔接的主要任务。然而，贵州省农业自然资源贫瘠，生产基础薄弱，气候环境特殊，农业产业结构与生产风险具有较强的异质性，急需具有针对性的风险防范措施来激励农业生产的积极性。紧随全国政策性农业保险改革步伐，贵州省从 2007 年开始实施政策性农业保险，后不断提升险种覆盖面，直到 2014 年大规模推广后初步建成了覆盖全产业的多层次农业保险体系。脱贫攻坚时期，农业保险的经济补偿功能得到贵州省各级政府的重视，成为推动其快速发展的重要动力之一。乡村振兴新时期，在多重职能和多元政策目标下，贵州省农业保险是否能够有效发挥风险转移的作用并促进农业产业发展的问题值得进一步探讨。

基于此，本书以农业保险对农业产业发展的影响为研究对象，以农业产业发展与农业保险运营的相关理论为基础，针对以下问题展开研究：农业保险是否能够促进贵州省农业生产的投入与产出？农业保险是否能够影响贵州省的农业产业布局和技术应用？在不同的产业结构和风险条件下，影响效果是否改变？全书按照"提出问题—理论梳理—现实分析—实证检验—对策解析"的思路展开，深入剖析了农业保险对农业产业发展影响的机理，分析了贵州省农业产业与农业保险发展的现实状况，通过县域面板数据，实证检验了其影响效果和有关机制，并根据研究结论对贵州省农业保险转型发展提出政策建议。

本书的创新点在于：第一，使用了县域面板数据的样本。我国大部分地区农业保险的具体方案是以县为单位来制定和实施的，但目前还未发现国内县域面板数据的相关研究，本书的数据应用丰富了农业保险效应研究的样本层次。第二，以专业化集聚度 HHI 和区位熵 LQ 作为产业布局的衡量指标，考察农业保险对农业产业布局的影响，拓展了农业保险对农业产业布局影响的研究路径。第三，产业结构的讨论和分产业检验。由于数据的可获得性受限，目前国内分产业进行宏观研究的较少。本书将种植业、牧业分开讨论和检验，考虑了产业间的差异，可以使研究结论更具现实解释力。

本书理论上丰富了农业保险的经济效应研究和农业产业发展的影响因素研究，深化了农业保险对农业产业发展影响的机制研究。从实践的角度来看，可为贵州省优化调整农业保险政策提供参考，同时为省域视角下完善多层次农业保险体系和促进山地农业高质量发展提供政策建议。

目 录

导 论 ·· 001

第一章 农业保险影响农业产业发展的理论基础
第一节 相关概念的内涵与界定 ··· 021
第二节 农业产业发展的基础理论 ··· 030
第三节 农业保险对农业产业发展影响的基础理论分析 ············· 040

第二章 乡村振兴背景下贵州省农业保险发展的转型需求
第一节 农业保险对农业产业发展影响的优势分析 ·················· 048
第二节 贵州省农业保险发展历程和多层次农业保险体系的初步形成··· 054
第三节 贵州省农业产业特征与农业保险转型发展的必要性······· 066
第四节 贵州省农业保险转型发展面临的关键问题 ·················· 071

第三章 农业保险对农业投入产出的影响研究
第一节 理论分析与研究假设提出 ··· 077
第二节 农业保险对农业产出增长影响的实证检验 ·················· 083
第三节 农业保险对农业投入影响的实证检验 ························ 100

第四章 农业保险对农业产业集聚的影响研究

第一节 理论分析与研究假设提出 …………………………………… 113

第二节 农业产业集聚的测算与分析 ………………………………… 116

第三节 实证设计 ……………………………………………………… 121

第四节 实证结果分析 ………………………………………………… 125

第五章 农业保险对农业技术应用的影响研究

第一节 理论分析与研究假设提出 …………………………………… 135

第二节 实证设计 ……………………………………………………… 137

第三节 实证结果分析 ………………………………………………… 140

第六章 研究结论及政策建议

第一节 主要研究结论 ………………………………………………… 148

第二节 政策建议 ……………………………………………………… 150

参考文献 ……………………………………………………………… 163

导 论

一、选题背景与研究意义

(一) 选题背景和问题提出

1. 农业一直是经济社会发展的重中之重

农业为社会生产生活提供基本的物质资料,是国民经济建设与社会发展的基础产业,是国家粮食安全与社会安定的基石,世界各国都高度重视农业的稳定与发展。改革开放以来,中央一号文件持续聚焦于"三农"问题。"十四五"时期是我国全面建成小康社会、实现第一个百年奋斗目标之后,乘势而上开启全面建设社会主义现代化国家新征程、向第二个百年奋斗目标进军的第一个五年,"三农"工作重心历史性转向全面推进乡村振兴,加快中国特色农业农村现代化进程。党的二十大报告提出,要全面推进乡村振兴,坚持农业农村优先发展,加快建设农业强国。长期以来,中国农业生产主要依靠资本、劳动力和资源等要素的数量投入,通过投入规模的扩大来实现农业产出的增加,这种粗放型的增长方式效率低下,后劲不足、不可持续(贺晓宇,等,2018)。当前和今后一个时期,国内外环境发生深刻、复杂的变化,我国农业发展仍面临着不少矛盾和挑战:农业基础依然薄弱;耕地质量退化面积较大,育种科技创新能力不足,抗风险能力较弱;农村发展存在短板弱项;制约城乡要素双向流动和平等交换的障碍依然存在,防汛抗旱等防灾减灾体系还不完善,基础设施仍有明显薄弱环节;促进农民持续增收面临较大压力;种养业特别是粮食种植效益偏低,支撑农民增收的传统动能逐渐减弱、新动能亟待培育。可见，在耕地面积减少、农业资源环境约束趋紧、农村青壮年劳动力持续流失的现实约束下，优化农业生产要素配置，完善产业结构与产业布局，实现农业生产提质增效，推动农业的高质量增长，通过产业振兴促进乡村振兴意义重大。

2. 农业保险已经成为我国农业支持保障体系的主要政策

农业保险作为农业生产的风险管理工具，同时作为世界贸易组织（WTO）"绿箱政策"允许的农业支持手段，受到了世界各国的青睐。我国农业保险起步虽晚，但是政策支持力度大，整体发展迅速。早在2002年修订的《中华人民共和国农业法》中就确立了"国家逐步建立和完善政策性农业保险制度"的目标，从2004年起历年中央一号文件均对建立完善农业保险制度提出了目标和要求。农业保险政策的不断完善，为我国农业保险的快速发展提供了支撑和契机。2018—2019年，我国农业保险保费规模稳居全球第二（仅次于美国）；《中国农业保险保障研究报告2020》显示，2019年，我国农业保险保障水平为23.61%；2020年，银保监会披露的数据显示，我国农业保险实现原保费收入815亿元，同比增长21%，共提供风险保障4.13亿元，成为全球农业保险保费规模最大的国家[①]；2021年，财政部相关数据显示，我国农业保险保费规模达到965.18亿元，同比增长18.4%，保费规模继续保持全球第一。

相较于传统的农业直补与托市收购等农业支持政策带来的市场扰动大、财政负担重等不利影响，农业保险作为市场化金融工具之一，可以顺应市场机制要求，运用大数法则达到精准补贴的特点。基于政策性农业保险的制度优势和世界农业保险发展的有益经验，我国政府和学术界都对农业保险寄予厚望。2019年5月，《关于加快农业保险高质量发展的指导意见》出台，要求农业保险立足深化农业供给侧结构性改革，按照适应世界贸易

---

① 聚焦中央一号文件：农业保险为乡村振兴提供坚强保障[OL]. http://jrj.wuhan.gov.cn/ztzl_57/xyrd/bxy/202102/t20210225_1639207.shtml.

组织规则、保护农民利益、支持农业发展和"扩面、增品、提标"的要求，进一步完善农业保险政策，提高农业保险服务能力，优化农业保险运行机制，推动农业保险高质量发展，更好地满足"三农"领域日益增长的风险保障需求。2021年年底、2022年年初，财政部和银保监会相继印发了《中央财政农业保险保费补贴管理办法》和《农业保险承保理赔管理办法》，对农业保险的保费补贴规则、划拨流程，以及承保理赔服务规范进行了进一步明确，标志着我国农业保险在经历了高速增长以后，开始向提质增效的高质量发展迈进。

3. 作为经济落后山区，贵州省急需农业保险精准施策助力乡村振兴

贵州省是我国西部落后省份之一，巩固拓展脱贫攻坚成果任务比较艰巨。脱贫地区产业发展基础仍然不强，内生动力和自我发展能力亟待提升。部分脱贫户脱贫基础还比较脆弱，防止返贫任务较重。2007年，贵州省开始成为中央政策性农业保险保费补贴的试点省份之一，与全国农业保险一样，在过去的十几年中取得了飞速的发展。在脱贫攻坚时期，政策性农业保险在贵州省不但要发挥促进农业增产的作用，还肩负了帮助农民增收的重任。作为我国贫困人口最多的省份之一，贵州省将农业保险作为转移支付手段为贫困人口提供收入兜底，要明显多于将其作为风险管理手段保障农业经济的发展。随着2020年贵州省全面实现脱贫摘帽，进一步加快农业产业发展，以"产业增收"构筑长效防贫机制，是贵州省巩固拓展脱贫攻坚成果同乡村振兴有效衔接的主要任务。2021年，贵州省委经济工作会议明确指出"要抓好粮食安全和农业增效""大力发展乡村产业，巩固拓展脱贫攻坚成果，全面推进乡村振兴"。贵州农业经济落后，主粮产出较少，而山地农业特征突出，乡村振兴新时期，依托于山地地形气候的"特色农业""观光农业"等依然是贵州农业经济发展的主要支点。那么，当前及未来一段时期，除了为脱贫人口增收兜底外，贵州农业经济发展还需要农业保险进一步发挥作用，通过强化其风险管理职能，根据贵州农业产业特征精准发力，促

进农业产业增长，提高农业产出质量与效率，高效助力贵州"乡村振兴"。

4. 多元政策目标要求加快多层次农业保险体系建设

目前，我国农业保险并没有统一而明确的政策目标，庹国柱，张峭（2018）建议将保障农业可持续发展，维护国家粮食安全，促进农业现代化进程，保障农户收入稳定增长，控制农产品质量，保障国民廉价粮食供给，降低农产品价格，增强中国农产品的国际竞争力，让农业保险在实现脱贫攻坚战略中发挥重要的作用等作为我国农业保险的政策目标。冯文丽，苏晓鹏（2020）认为，在乡村振兴战略背景下，农业保险应该紧密围绕乡村振兴战略的总目标——"农业农村现代化"，充分发挥农业保险的风险保障和农业支持保护作用。学术界对农业保险政策目标的理论研究与上文分析的贵州省农业产业发展对农业保险作用发挥的现实需要基本一致。也是就说，在巩固拓展脱贫攻坚成果和促进农业农村现代化等多政策目标下，农业保险的实施效果如何，已经越来越引起重视，农业保险多效用机理冲突也开始被关注。2018 年中央一号文件暨《中共中央国务院关于实施乡村振兴战略的意见》提出"要探索开展稻谷、小麦、玉米三大粮食作物完全成本保险和收入保险试点，加快建立多层次农业保险体系"，这为农业保险实现多重政策目标提供了指引。多层次农业保险体系的建设，要求针对服务对象、农业产业结构特征及区域的不同，差异化地进行政策支持、开发保险产品、进行保险服务。在补贴政策方面，要根据不同农业产业在国民经济和当地农业发展中的重要性以及服务对象农业生产组织形式的不同，形成中央、省级、地方相互补充的保费补贴体系；在保险产品方面，则需要根据农产品种植和销售的特征，服务对象的需求，形成成本、价格、气象、产量、收入等险种有机组合的保险产品体系；同时，还应鼓励支持多种组织形式的农业保险承办机构共同参与农业保险服务，通过构建竞争性的市场，发挥不同组织形式承办机构的优势，逐步优化更符合贵州省农业农村实际的农业保险工作模式。

基于以上背景，本书试图研究以下主要问题：

（1）农业保险是否能够促进贵州省农业产出规模增长？农业保险对农业产出增长的影响机制是什么？农业保险会影响农业生产的要素投入吗？对各要素投入的影响一样吗？产业结构不同时，农业保险对农业投入产出的影响是否表现出差异？

（2）多层次农业保险体系下，贵州省农业保险具有鲜明的产业导向政策，那么农业保险是否会对农业产业布局产生影响？当产业政策不同时，农业保险对产业布局的影响效应是否表现出差异？

（3）在资源约束趋紧的情况下，农业技术的实施应用是推动农业产业发展的关键。农业保险是否会对农业技术应用产生影响？不同的产业结构下农业保险的技术效应是否会有所改变？

（二）选题意义

本书以农业保险服务农业高质量增长为出发点，以促进农业增产、农民增收为目标，聚焦于农业保险对农业产业发展的影响，具有理论及现实意义。

1. 理论意义

（1）丰富了农业保险的经济效应研究。农业产业发展直接关系到农业经济增长，而农业保险是否能够起到促进农业经济增长的作用，一直是一个比较有争议的话题，研究结论并不完全一致，根本原因在于农业保险对农业经济增长的机制研究还有待深入。新古典经济学理论将农业经济增长的原因归于要素投入的增加和技术效率的提高，现代发展经济学更加指出"结构均衡"对经济增长的重要性。本书认为，农业保险对农业产业发展的影响是农业保险影响农业经济增长的重要路径，具体研究内容分为农业保险对农业生产要素投入的影响，农业保险对产业布局的影响和农业保险对农业技术的影响，同时考虑产业结构的影响机制。因而，本书对于进一步揭示农业保险的农业经济效应的原理有重要意义。

（2）深化了农业保险对农业产业发展影响的机制研究。农业保险对农业产业发展的影响是一个值得深入探讨的问题，一方面因为农业保险功能的多元性，另一方面源于农业产业发展所具有的丰富内涵。梳理农业保险对农业产业发展影响的路径，探讨农业保险对农业产业发展影响的机制，尤其是农业风险差异、农业产业结构差异、农业保险政策差异的影响，有利于推动多层次农业保险体系发展，完善农业保险理论和制度建设。

（3）拓展了农业产业发展的影响因素研究。关于农业产业发展影响因素的研究大多限于资源禀赋、政策导向、技术创新等方向，而涉及金融保险对产业发展尤其是农业产业布局影响的文献却不多。农业保险作为农业风险分散的重要管理工具，具有十分鲜明的产业导向特征，具有一定的政策导向作用，应当作为推动农业产业发展的重要因素考虑，本书为这一研究方向提供了初步探索的思路。

2. 现实意义

（1）为完善省域视角下的多层次农业保险体系提供依据。多层次农业保险体系的核心是产品体系，本书依托贵州省县域农业数据，对农业产业结构、农业保险政策的影响机制进行了数据分析和实证检验，部分研究细分到具体产业，并根据实证结果对政策效果进行一定的评价，研究结果可以为地方农业保险产品结构调整提供现实依据。

（2）为贵州省明确农业保险政策目标提供参考。脱贫攻坚期间，贵州省农业保险将增加农民收入作为主要目标，一度成为扶贫金融产品的代表。全面脱贫以后，贵州省农业保险政策目标不明确，导致农业保险无法发挥出应有的作用。因而，对贵州农业保险产出增长效应进行深入研究，有利于贵州早日树立农业保险"保农业"的政策目标。

（3）为山地农业高质量发展提供政策建议。

贵州省为山地农业的典型代表省份，考虑农业的区域特征，深入研究农业保险与农业产业结构及农业生产效率之间的关系，可以为提高山地农业产出的质量和效率提供有益建议。

二、研究文献综述

直接以农业保险对农业生产要素配置影响为主题的研究文献并不多，但是农业生产要素配置的直接效果是对农业经济增长的影响，同时，生产要素包括劳动力、土地、资本、技术等，要素配置的相关概念还有生产要素的投入、配置效率等。根据这一思路，本书对文献分析的范围进行了拓展。首先，厘清农业保险对农业经济增长影响的研究进展，从整体上把握研究的方向；其次，分别梳理农业保险对传统生产要素投入的影响，农业保险对农业科技、知识等技术型生产要素投入的影响，以及农业保险对生产要素配置的综合影响研究；最后，对文献进行综合评述。

（一）农业保险对农业经济增长影响的相关研究

农业保险对农业经济增长研究的文献较为丰富，本书主要关注其中是否有涉及要素配置的理论与证据。由于农业经济增长经常用农业总产出增长或生产总值增长来衡量，所以农业保险对"农业产出""农业生产"影响的相关文献，一并作为本书文献研究范围。

农业保险是否有利于促进农业产出增长的问题一直以来都受到学术界的普遍重视，形成了正反两个方面的观点，并且都得到了来自实证研究的支持。正面观点认为，农业保险有利于稳定农业发展，促进农业产出增加（庹国柱，1987；Hazell，1992；冯文丽等，2007；施红，2016）。实证方面，Orden（2001）研究发现在 1998—2000 年，农业保险对产出提高的程度为 0.28%~4.1%。国内学者们分别通过不同的样本和不同的实证方法检验了农业保险发展水平对农业总产出的影响：王向楠（2011）、周稳海等（2015）、刘飞等（2020）以地市级单位为样本进行研究，主要研究方法为动态面板数据 GMM 模型和静态面板固定效应模型，结果都表现出显著的正相关。邵全权等（2020）以全国省域面板数据进行实证分析，以工具变量法控制内生性，得到的结论为农业保险保费、农业保险赔付的提高都会促进农业经济增长。丁宇刚和孙祁祥（2021）通过省级面板数据进行实证检验，结果显示每增加 1 元农业保险保费，对应的保障水平可以降低由自然灾害导致的第一产业产出约 8.19 元的损失。反面观点认为，受农业保险的特殊性质与实施方式的影响，农业保险对农业产出增长并没有显著作用，或者具有负向影响（Turvey 等，2002；Goodwin 和 Smith，2013）。实证研究方面，张跃华等（2006）通过对上海调查数据的实证检验发现，农业保险对当地水稻产量的影响并不显著；蔡超等（2014）对河北省农业 GDP 的年度数据做了实证检验，认为农业保险与农业 GDP 之间并不存在 Arrange 因果关系，即农业保险促进农业产出的作用并没有发挥出来；Annan 和 Schlenker（2015）的研究表明，农业保险会降低人们对极端天气灾害反应的敏感度，使他们放弃使用花费更多成本的补救措施，从而扩大了灾害损失。而袁辉等（2017）借鉴周稳海的方法对湖北各市州面板数据进行检验，却得到与之完全相反的结果：农业保险与农业产出呈显著负相关系。张卓等（2019）利用农业部农村固定观察点微观数据，使用 DID 模型检验农户参保决策、政府农险补贴强度等因素对农业产出规模的影响，研究结果表明我国农业保险对农业收入的激励强度明显不足，对农业产出规模存在负向影响。

理论研究成果对农业保险实施的效果差异给出了一定的解释，主要的研究思路是，在新古典经济增长理论的基础上引入农业风险和农业保险保障，构建均衡模型进行分析，早期文献大多采用的是比较静态研究方法（Ahsan 等，1982；Nelson 等，1987；Ramaswami，1993；Taylor 等，2010；Ye 等，2012），从单一投入单一产出模型扩展到多投入多产出模型，初步探讨了农业保险的道德风险效应、风险预期效应、收入效应等。近年来，以宏观经济增长动态均衡模型为基础的文献，从产出稳定与产出增长的效果模拟，逐渐深入保费补贴政策、保障水平差异等机制研究，进一步丰富了农业保险对农业产出影响的理论成果。宏观动态均衡模型的研究包括动态一般均衡模型（Jing-feng 等，2014；丁宇刚，孙祁祥，2021）和动态随机均衡模型（邵全权，2020；江生忠，2021）。

（二）农业保险对生产要素投入影响的相关研究

传统生产要素主要是指土地、劳动力和资本。传统生产要素投入是要素配置的重要方面，农业保险对农业生产投入需求的影响是早期农业保险作用于农业生产方面的主要研究内容。总体来看，国外研究起步较早，且充分考虑各生产要素属性及其风险特征的差异。Ahsan 和 Kurian（1982）的研究中提出，保险对要素投入的影响取决于要素的风险属性，其研究结果表明农作物保险将促进增加风险增加性投入要素的施用，而减少风险降低性要素的施用。Chambers（1989）和 Quiggin（1992）等都表达了类似的观点，对此做出了进一步的解释。由于考虑了不同要素的差异，国外文献更倾向对单一要素影响的研究，其中以农业保险对土地要素投入影响的研究文献居多（Williams，1988；Turvey，1992；Young 等，2001）。美国在 1994 年《联邦作物保险改革法案》至 2000 年《农业风险保护法》后，大幅增加受补贴农作物保险标的范围和保费补贴，学者们研究了保费补贴政策对土地投入增长效应的影响（Goodwin 等，2000；Miao 等，2016），研究结论基本都支持保险会增加被保作物的种植面积（即土地投入）的结论，而保费减少或者保费补贴增加会进一步强化这一效果。国内研究大多数没有考虑要素风险特征差异，且局限于微观领域（张哲晰等，2018；任天驰等，2020），宏观研究较少，研究结论普遍认为农业保险对农业生产要素投入具有显著的正向影响。

少数文献以农业保险对农业生产资源配置的影响为主题做了相关研究，综合考虑了农业保险对农业生产主要投入要素等多种投入要素的影响，或同类不同种要素配置的比较。聂荣等（2013）基于辽宁微观调查数据对比了参保农户与不参保农业劳动力投入、土地投入、农资投入的风险弹性系数和产出弹性系数差异，结果表明劳动力投入具有风险弹性系数差异，而土地资本具有产出弹性系数差异。黄颖和吕德宏（2021）在研究农业保险对农民收入效应的研究中指出，农业保险可以通过影响农户生产要素配置而发挥间接作用。任天驰和杨汭华（2020）通过第三次农业普查微观数据，检验了农业保险对小农户的资源配置方式的影响，研究结论认为农业保险主要通过扩大经营规模、提高机械化水平以及增加农业技术采用的方式助力小农户衔接现代农业生产；且不同规模农户对要素配置的影响结果有显著"异质性"，小规模农户倾向"调面积"，大规模农户则更多选择"调结构"以及"机械化"。张哲晰等（2018）通过实证检验认为投保后农户亩均化肥投入有所下降，但投保引致的技术储备增加。

（三）农业保险对农业生产效率影响的相关研究

农业保险对农业生产效率影响的研究成果可以归纳为农业保险对农业技术进步、农业技术效率和综合生产效率的影响3个方面。

关于农业保险与农业技术进步，讨论得比较多的两个问题是：① 农业保险是否可以促进农业新技术的采纳？② 农业保险是否会妨碍风险防范性技术的使用？国内外关于第一个问题整体上都持正面观点，认为农业保险可以促进新技术采纳。国外学者 Vroege 等（2019）对欧洲和北美地区的12个指数保险项目的研究表明，这些项目整体上促进了生产部门对新技术的采用，主要原因是保险提高了农户的抗风险能力，使农民更愿意承担较高的风险，从而会刺激其对新技术的采用，以获得较多收益，持有相似观点的学者还有 Adamon（2018）、Farrin（2015）、Hill（2012）、Mosley 等（2005）。也有学者认为，天气指数保险能够降低自然灾害所带来的不利影响，为农户提供福利，也能促进农户采用高收益种子等来进一步提高福利（Freudenreich，2018；Karlan，2014；Ragoubi，2013）。但 Brick 和 Visser（2015）对南非小规模农户的实验发现，由于对指数保险中基差风险的认识问题，大部分投保农户并没有因为提升了风险规避能力而更愿意采用新技术。国内研究相对较少，陈锡文（2004）提到，20世纪90年代，新疆和田地区充分利用农业保险，顺利地完成了从东北引进的水稻旱育稀植技术以及优质玉米品种两项农业科技活动在当地的推广。汤颖梅（2021）采用田野经济学实验方法，通过对黑龙江省和江苏省的 6 个县市进行抽样调研，实证分析了天气指数保险对不同规模农户技术选择偏好的影响。研究结果表明，天气指数保险对农户技术采用具有促进效应，并且从规模异质视角来看，天气指数保险对大规模经营农户技术采用具有更加显著的促进作用。徐圣翔和贺娟（2022）认为风险偏好越强的农户将越可能采用新种子技术，农户购买农业保险强化了风险偏好对新种子技术采纳行为的积极影响。

在对风险防范技术使用的影响方面，学者们依据不同风险及其防范技术的差异进行了更加深入细致的研究。例如，针对灌溉与干旱高温风险防范，Salazar 等（2019）考察了智利小麦种植户的作物保险与投入技术决策之间的关系，发现参与保险计划和采用现代灌溉之间存在着消极的关系。Sellars 等（2022）研究了种植业保险对于气候变化技术采用的影响，并没有发现显著的变化，作者认为采用技术型风险规避手段排水回收（DWR）技术的门槛太高，没有与农业保险构成对等的替代关系。针对病虫害风险与农药化肥的使用，研究结论却产生了较大的分歧。Quiggin（1992）认为农业保险的道德风险激励理论上可能导致要素投入的增加，特别是当这一要素是风险增加型时。Horowitz 和 Lichtenberg（1993）报告的回归结果表明，购买个体作物保险的玉米生产者比没有购买个体作物保险的农户会使用更多的氮肥、除草剂和杀虫剂。Smith 和 Goodwin（1996）认为道德风险激励导致被保险农民使用更少的化学投入。马九杰等（2021）认为农业保险通过规模效应、结构效应、技术进步效应对农业化肥施用产生了负向影响。Nimon 和 Mishra（2005）研究了美国 17 个州的冬小麦种植农场，发现农作物收益保险只是导致化肥支出减少，而对农药支出没有明显的影响。Weber 等（2016）针对 2000—2013 年美国农业保费补贴和农作物保险计划覆盖面不断增长的事实，实证检验了农业保险这一变化对化肥和农用化学品使用的可能性，实证结果表明，扩大覆盖面对耕地收获份额、作物专业化、生产力或化肥和化学品使用几乎没有影响。

也有不少学者关注了农业保险对农业技术效率的影响，Roll（2019）以挪威三文鱼养殖业为例，研究了保险如何影响技术效率。结果表明，保险对生产和效率有增强作用，Roll 利用要素投入组合的改变解释了农业保险对技术效率进步产生影响的原因。Russo 等（2022）认为由于不确定性的存在，保险有助于减少风险厌恶型农户的次优投入使用，所以风险规避的农民表现得好像他们是风险中性的，并采用利润最大化的投入向量。因此，通过减少与结果不确定性有关的风险，作物保险引导葡萄种植者朝着利润最大化的方向发展。张跃华等（2006）认为如果长期在某地区实行农业保险，可能改变农民的生产方式，利用农业保险有效分散生产中遇到的风险。因此，在大范围内农业保险可以通过改变农民对生产方式的选择，进而促进作物产量增长。但也有不同观点。朱俊生（2015）指出，由于我国农业保险政策目标的多元化，我国农业保险始终处于高保障、低成本的普惠型状态，由此保护了小农户持续在低生产率下维持分散经营的状态。实证研究结果大多支持农业保险对农业生产效率的提升具有正向作用，但具有较强的区域和促进方式的异质性。

除此之外，农业全要素生产率（TFP）是农业生产效率综合衡量的重要指标，农业保险对农业全要素生产率的影响成为最近几年研究的热门话题，研究结论一致表现出正向关系。对全要素生产率分解指标的进一步检验发现，农业技术进步是增长效应的驱动因素（陈俊聪等，2016；Singbo 等，2020；唐勇等，2021；李婕妤，2022）。李琴英等（2021）针对农业保险与农业全要素生产率对产出的共同影响进行了研究，通过对全国省际面板数据的实证检验，认为农业保险与农业全要素生产率之间具有协同效应，且这种效应存在区域差异，东部、中部显著，西部并未显现。也有学者同时考虑了环境问题，研究了农业保险对农业绿色全要素生产率的影响，Ahmed 等（2022）使用了面板自回归分布滞后法（PMG 方法）和 2005—2019 年美国 50 个州的面板数据，研究了农业保险、空气污染和农业绿色全要素生产率之间的动态关系，实证结果表明，农业保险、空气污染和农业绿色全要素生产之间存在显著的协整性和横向依赖性。李燕等（2018）利用省际面板数据实证检验了农业保险对农业绿色生产率的影响,结果表明农业保险对农业绿色技术进步有显著的促进作用,利用 GML 指数方法对农业绿色生产率进行测算并将其分解进行进一步检验发现,农业保险对农业绿色技术进步有显著的促进作用,而对农业绿色技术效率有显著的抑制作用。

(四)农业保险对农业产业布局影响的相关研究

许多研究都肯定了农业保险对农业产业分布的影响,但专门以此为主题的研究却并不多见,农业产业结构是影响农业布局的重要因素,农业保险对农业产业结构影响的文献成果比较丰富。较早的 Freund(1956)理论模型的观点是,作物保险将改变农作物的收益分布,降低收益的方差,因为产量乃至收益降低的情况被保险补偿了,因此更多的土地将被用来种植被保作物,这是农户行为由风险规避向风险中性的转变,Turvey(1992)也持类似的观点。Williams(1988)讨论了风险中性及不同程度的风险规避假设下,美国大平原地区代表性农场最有效的种植选择,证明因为农作物保险对高粱低产量的风险降低得比小麦更加明显,因此农作物保险带来从以小麦为主的休耕制,向以小麦和高粱为主的休耕制转变,初步验证了 Freund(1956)的观点。运用随机试验方法的研究成果,如 Mobarak 和 Rosenzweig(2012)对印度农民进行的实验发现,有保险的农民更有可能种植对技术要求更高的高风险作物。农业保险对生产技术、其他投入和生产方式选择有一定的影响。

国内也有相当多的高水平研究,学者们从理论分析到实证检验,不断探索农业保险与农业产业结构之间的关系。在理论分析方面,从已有文献的研究角度来看,这些研究大体可以分为两类:一是从农业保险的风险管理作用角度进行分析。杨瑞珍等(2002)、李林杰和顾六宝(2003)等学者研究发现,农业生产的特殊性决定了农业产业结构调整中面临着较大的风险,健全的农业保险机制能够有效防范和化解农业产业结构调整过程中面临的风险因素,从而保障农业产业结构调整的顺利推进。陈俊聪等(2016)

认为农业保险能够分散和转移农业产业化生产中的风险，以消除新型农业经营主体生产农业新产品的后顾之忧，从而加快农业产业结构优化升级。二是从差异化农业保险政策的引导作用角度进行分析。丘世忠（2005）、田丽（2012）、张小东和孙蓉（2015）等从差异化农业保险保费补贴政策方面展开研究，均认为政府通过对特定的农业产业或农产品实施农业保险保费补贴倾斜，能够达到诱导农业产业结构优化调整的目的。也有部分学者从差异化的农业保险承保范围（刘杰和张长征，2004）、农业保险费率（刘科冕和寇亚明，2007）、农业保险险种（曾玉珍，2011）等方面进行了分析，均肯定了农业保险在引导农业产业结构优化中的重要作用。在实证研究方面，国内关于农业保险对农业产业结构升级的相关研究成果较少。部分学者认为农业保险推动了农业产业结构升级。郝爱民（2011）选取了我国1990—2009年的省级面板数据，基于面板数据的协整检验进行研究，结果表明从长期来看农村金融保险服务显著地促进了我国农业产业结构调整。陈俊聪和王怀明（2015）利用我国2005—2012年的省际面板数据考察了农业保险所引致的结构效应，发现农业保险发展能够促使传统农业中种植业比重下降，加速了农业结构调整，但其对地区农业结构的调整存在一定的差异。谢小凤（2016）采用广东省2000—2014年的相关农业经济统计数据，基于灰色关联分析方法证明了农村保险服务与农业产业结构的较强关联性，并通过建立偏最小二乘回归模型进一步研究发现，农村保险服务显著促进了广东省农业产业结构优化。刘蔚和孙蓉（2016）利用31个省的粮食作物面板数据的检验发现，农户参保后农业收入分布预期发生改变，对生产行为产生影响，又反过来引发种植结构调整，从低保险项目向高保险项目转移，表明了农业保险在供给侧结构性调整中的潜在作用。但温鸿飞（2016）运用协整检验对临沂市2000—2014年相关数据展开的实证研究却得出不同的结论，实证结果表明农业保险对农业生产结构调整的影响并不明显，其并未显著增加临沂市参保作物的种植比例。

（五）文献研究评述

农业保险对农业产出增长影响的研究较多，但是却并未形成统一的结论。大多数学者认为农业保险可以稳定农业生产，促进农业产出增长，少部分持有反面的观点，认为农业保险会对农业产出规模具有负面影响或者"挤出效应"，还有部分学者认为理论上农业保险对农业产出应该具有促进作用，但由于我国农业保险的风险保障水平太低，农业保险的作用尚未显现出来。面对实证和理论研究的诸多分歧，探讨农业保险对农业生产影响的内在机制是弄清问题的关键。

基于要素配置与农业产出增长的紧密关系，农业保险对农业生产要素配置的影响受到了学者们的重视，根据不同险种、不同要素和不同配置层面形成了十分丰富的研究内容，农业保险对土地要素投入、对农药化肥等中间品投入、对技术进步与技术采纳的影响是传统研究的重点，形成了基于预期效用理论和道德风险理论的诸多共识性观点，为本书提供了研究的基础与有益借鉴。

但依然存在一些问题可以继续探讨：第一，尽管农业保险对农户预期效用的影响以及实施过程中存在的道德风险等问题已经达成了基本共识，但是对于其具体的适用情况则存在较大的争议，国外研究中农户的风险偏好异质性与要素风险特征的差异成为讨论的焦点，而国内研究中则只有少数文献对要素进行了区分或单独讨论，大多文献将劳动力、土地和资本作为统一性质看待，尤其是宏观研究中居多，但要素的风险差异是影响农户要素投入决策的关键性问题。第二，国内外文献中农业保险对农业生产效率影响的研究都十分丰富，但更加集中于讨论农业保险与技术进步和技术采纳之间的关系，生产效率的提高还有可能来源产业布局优化，这一类问题的研究十分缺乏。第三，农业保险对农业产业布局影响的研究中，研究产业结构的较多，却很少涉及产业专业化程度和区位布局。第四，已有研究样本一般为省域、市州或者微观数据，还未见国内县域数据的相关研究。

三、研究内容与方法

（一）研究内容与框架

本书在现有相关文献的研究基础上，首先对农业保险、政策性农业保险、农业产业与农业产业结构相关概念予以界定，引入农业经济增长理论、产业分布的区位理论、期望效用理论、道德风险理论、产业政策理论与外部性理论，建立了农业保险对农业产业发展的理论基础和研究的总体理论思路。基于"提出问题—理论梳理—现实分析—实证分析—对策解析"的研究框架，系统分析农业保险对农业生产要素配置的影响。技术路线如图0-1所示，研究内容如下：

导论：从研究背景和研究意义入手，提出本书所聚焦的关键性问题，围绕研究主题梳理国内外农业保险对农业产业发展影响的相关文献，总结现有研究存在的不足，得出本书的研究方向，确立研究内容和研究方法，为后续研究奠定基础。

第一章：农业保险对农业产业发展影响的理论基础。本章对农业保险、政策性农业保险、农业产业等相关概念进行界定和辨析。根据宏观经济增长理论和农业产业布局、产业结构理论的主要观点，梳理了农业产业发展的理论基础。基于预期效用理论、道德风险理论、产业政策理论、外部性理论，初步分析了农业保险对农业产业发展影响的原理和可能效果。

第二章：乡村振兴背景下贵州省农业保险发展的转型需求。本章从研究主题出发，分析了贵州农业产业的特征，乡村振兴背景下贵州省农业保险发展的现状、优势与不足，指出了贵州省农业保险转型发展的迫切需求。

第三章：农业保险对农业投入产出的影响研究。本章在分析了农业保险对农业投入产出影响的理论原理的基础上，使用贵州省县域面板数据对理论假设进行实证检验，考虑农业生产的时间依赖性，使用动态面板模型作为主要回归模型；在考虑产业结构调节效应的基础上，分产业分别对投入产出效应进行检验，并对农户灾害预期影响机制进行了分析与检验。

导 论

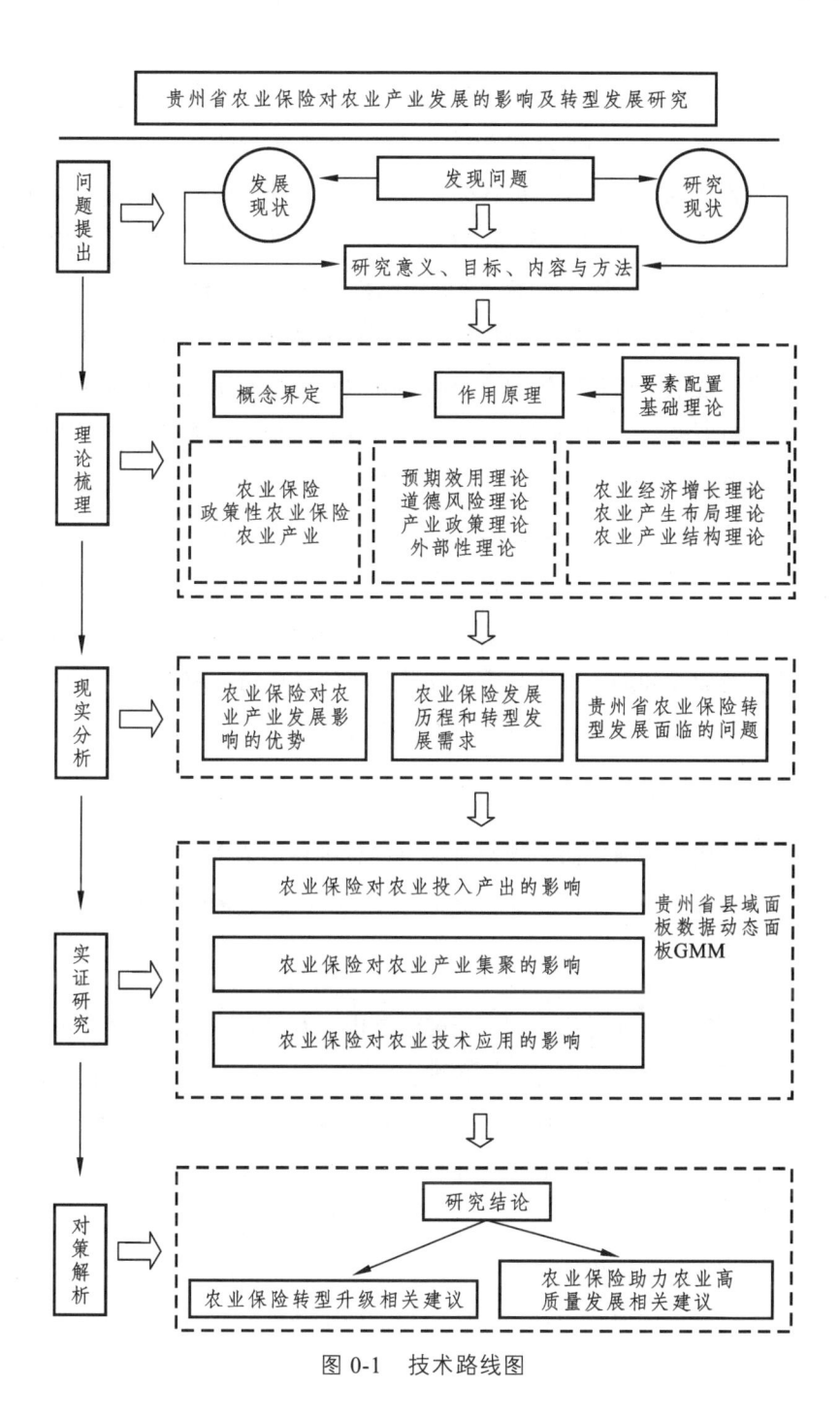

```
                贵州省农业保险对农业产业发展的影响及转型发展研究
─────────────────────────────────────────────────────────

  ┌──────┐      ┌────┐   发现问题   ┌────┐
  │问题  │ ⇒   │发展│ ←────────→  │研究│
  │提出  │      │现状│              │现状│
  └──────┘      └────┘              └────┘
     │             ↓                   ↑
     │          研究意义、目标、内容与方法
     ↓                  ↓
  ┌──────┐   ┌─────────────────────────────────────────┐
  │理论  │   │   概念界定 → 作用原理 ← 要素配置基础理论  │
  │梳理  │ ⇒ │  ┌────────┐ ┌──────────┐ ┌──────────┐ │
  │      │   │  │农业保险│ │预期效用理论│ │农业经济增长理论│ │
  │      │   │  │政策性农业保险│ │道德风险理论│ │农业产生布局理论│ │
  │      │   │  │农业产业│ │产业政策理论│ │农业产业结构理论│ │
  │      │   │  │        │ │外部性理论  │ │              │ │
  │      │   │  └────────┘ └──────────┘ └──────────┘ │
  └──────┘   └─────────────────────────────────────────┘
     │                        ↓
  ┌──────┐   ┌─────────────────────────────────────────┐
  │现实  │ ⇒ │ 农业保险对农  农业保险发展  贵州省农业保险转 │
  │分析  │   │ 业产业发展影  历程和转型发  型发展面临的问题 │
  │      │   │ 响的优势      展需求                      │
  └──────┘   └─────────────────────────────────────────┘
     │                        ↓
  ┌──────┐   ┌─────────────────────────────────────────┐
  │实证  │   │   农业保险对农业投入产出的影响              │ 贵州省县域面
  │研究  │ ⇒ │   农业保险对农业产业集聚的影响              │ 板数据动态面
  │      │   │   农业保险对农业技术应用的影响              │ 板GMM
  └──────┘   └─────────────────────────────────────────┘
     │                        ↓
  ┌──────┐   ┌─────────────────────────────────────────┐
  │对策  │ ⇒ │              研究结论                       │
  │解析  │   │         ↙            ↘                    │
  │      │   │ 农业保险转型升级    农业保险助力农业高      │
  │      │   │ 相关建议            质量发展相关建议        │
  └──────┘   └─────────────────────────────────────────┘
```

图 0-1 技术路线图

第四章：农业保险对农业产业集聚的影响研究。本章分析了农业保险对农业产业布局影响的原理和机制。以农业产业集聚指标赫芬达尔指数来衡量贵州省县域农业产业布局状况，以贵州省县域面板数据构建动态面板模型，使用系统广义矩估计 SYSGMM 进行假设检验。根据基础回归的结果，本章进一步对产业结构、政策改变的影响机制进行了检验。

第五章：农业保险对农业技术应用的影响研究。本章将农业机械总动力作为农业技术应用状况的衡量指标，考虑农业技术使用的时间延续性，构建动态面板模型，使用系统广义矩估计 SYSGMM 进行假设检验；考虑不同产业农业技术应用的差异，对农业产业结构进行调节效应检验。

第六章：研究结论与政策建议。本章结合理论研究、现实分析与实证检验的结果，得出主要研究结论；在此基础上，针对贵州省农业保险发展中存在的问题，农业保险对农业产业发展产生的正负面的影响，以强化农业保险自身建设和助力农业高质量发展为目的，从精准施策、因地制宜、创新合作与加强建设 4 个方面形成政策建议。

（二）研究方法

本书运用文献研究法、理论研究与经验研究相结合、实证研究与规范研究相结合等方法，深入分析农业保险对农业要素配置的影响。

1. 文献研究法

文献研究法是通过系统阅读研究领域内已有研究成果，全面充分了解当前研究进度，确立研究方向、角度、方法，寻找研究的理论依据，确认创新与增量贡献的重要手段。本书将"农业保险""农业产业集聚""农业区位分布""农业产业结构""农业技术进步"等作为关键词对国内外学术文献库进行检索，并根据引文追溯对重要文献进行追踪，全面梳理了国内外学者在农业保险对农业产业发展影响方面的重要文献成果，形成了导论中文献综述部分的研究内容。除此之外，理论基础分析、概念界定及机制分析与研究方法的选用等也离不开文献分析方法的运用。

2. 理论分析与经验研究相结合

本书运用了理论研究与经验研究相结合的方法。理论研究通过思辨的方法来揭示了事物发展的一般规律，认识事物的本质。经验研究则注重考察事物的外在表现、事件发生的现场证据以及进行变量关系的检验等，两者如果可以相互印证，则表明研究所获得的认知更加接近事实真相。

理论研究首先应用在第一章的理论基础部分，介绍了农业产业发展的相关基础理论，以及农业保险作用于农业产业发展的一些基本原理，形成了全书的理论思路。然后在第三章、四章、五章实证检验前，进一步深入分析了农业保险在不同路径、不同方向、不同条件下的影响效果和影响机制，据此提出相应的研究假设。

经验研究包括实证的经验研究和非实证的经验研究。作者通过向政府和主要保险经营主体申请，同时利用 EPS 数据库、贵州省统计年鉴、各市州统计年鉴等，获得了较为充足的历史数据与现实材料。非实证的经验研究主要应用于第二章，分析了贵州省农业产业发展现状及农业保险产业支持保障功能的发展，同时也为后续实证研究提供了基本证据。实证的经验研究部分，进行了变量关系的检验以验证理论假设。

3. 实证研究与规范研究相结合

实证研究能够告诉我们"是什么"，而规范研究则告诉我们"应该是什么"。研究"是什么"的问题固然重要，但对于"应该是什么"的问题的探讨能够更加有利于为社会发展提供合宜的政策建议。

在文献研究法、理论研究和经验研究的基础上，为了保证研究结论的可靠性，需进一步运用计量方法对研究假设进行检验。本书涉及的数据分析主要使用 Stata 软件完成，具体运用到的计量方法有：① OLS 回归，主要作为基础回归的比照模型；② 面板固定效应 FE 模型，回归结果均是报告修正个体异方差后的稳健性标准误，主要作为基础回归的比照模型；③ 动态面板模型 SYSGMM，作为主要基础回归模型，考虑被解释变量的滞后一期对当期产生的影响,使用 SYSGMM 方法回归可以同时使用平行方程和差分方程的信息,使回归结果更有效率。

规范分析是指以一定的价值判断为基础,提出某些分析处理经济问题的标准,树立经济理论的前提,作为制定经济政策的依据,并研究如何才能符合这些标准,是对经济行为或政策手段的后果加以优劣好坏评判的研究方法。规范分析主要用于最后一章,研究结论与政策建议部分。

第一章

农业保险影响农业产业发展的理论基础

第一节 相关概念的内涵与界定

一、农业保险

（一）农业保险的概念

农业保险最初起源于 18 世纪德国与法国的农作物雹灾保险，之后在欧洲大部分国家开始出现，其险种也逐渐从种植业向养殖业拓展。我国最早的农业保险是产生于 1934 年安徽和县的耕牛保险。作为风险管理的重要工具和手段，农业保险的内涵随着承保对象和风险不同而不断发生改变。黄公安（1936）在《农业保险的理论及其组织》中指出：农业保险可以说，即为农民因恐经济生活前途及其农业上的财物有偶然的危险之发生，而早为有计划的补偿的方法。其补救方法：或由保险企业者根据契约的条件，负责赔偿由危险所引起的损失，或由于虑有同种危险发生的农民基于优乐与共的联锁主义或合作的互助原则，联合分担其间所生的损失。然亦有全以政府或地方团体的强制法令使在某一定地方上有同样危险发生的关系人，共同分担其间所产生的损失。黄达等（1990）在《中国金融百科全书》中指出：农业保险是对种植业、养殖业、饲养业、捕捞业在生产、哺育、成长过程中因自然灾害或意外事故所致的经济损失提供经济保障的一种保险。至今，农业保险的概念并没有统一的定义，我国于 2013 年 3 月正式实施的《农业保险条例》中规定：农业保险是指保险机构根据农业保险合同，对被保险人在种植业、林业、畜牧业和渔业生产中因保险标的遭受约定的自然灾害、意外事故、疫病、疾病等保险事故所造成的财产损失，承担赔偿保险金责任的保险活动。本书以这一规定为基础，结合学者们的有益论述与我国农业保险发展实践，进一步从保险合同要素来解析农业保险的内涵，包括保险主体（保险人、投保人、被保险人、受益人）、保险标的、保险利益与可保风险。

1. 保险人

保险人即条例中所称保险机构，目前可以经营农业保险的机构包括合规的商业保险公司、专业的农业保险公司与公益性互助合作组织。经办机构的具体组织形式与一个国家的保险制度有关，如政府主导型的美国模式以商业保险公司为主，而合作互助型的日本模式则以合作互助组织为主。我国当前是多层次的农业保险经营结构，以商业性财产保险公司为主，同时专业的农业保险公司与互助合作组织共同发展。2020年6月，中国银保监会下发《关于进一步明确农业保险业务经营条件的通知》，对经办机构的业务范围、公司治理和内控管理、综合偿付能力和财务安排等都作了明确规定，同时要求合规的经办机构必须有专门的农业保险管理部门与人员配置，独立、完善的农业保险信息管理系统，农业再保险、大灾风险安排以及风险应对预案以及经股东会或董事会批准的农业保险发展规划。

2. 投保人、被保险人与受益人

农业保险的投保人可以是法人也可以是自然人，但必须与投保标的具有保险利益，这与普通财产保险并无区别。我国《农业保险承保理赔管理办法》规定，农业保险可以由农民、农业生产经营组织自行投保，也可以由农业生产经营组织、村民委员会等单位组织农民投保。其中"农民和农业生产经营组织"是投保人，"农业生产经营组织和村民委员会"是投保组织人。农业保险的投保人通常也是被保险人和受益人，只有在保单质押等特殊情况下，保险受益人才另为他人。投保人在特殊的债权和合同关系下也可以不是被保险人，如茅台集团为其长期供应主要生产原料高粱农户投保，则投保人为茅台集团，被保险人（即受益者）为高粱农户。为了避免道德风险，我国实践中作为被保险人的"农户与农业生产经营组织"不能脱离生产，农产品的经销商等不能作为农业保险的被保险人。

3. 保险标的

保险标的是保险利益的承载体，根据保险标的不同，农业保险有广义和狭义之分，广义的农业保险包含涉及"三农"的一切保险，张跃华等认为"农业保险"与"农村保险"曾作为同一概念使用，王兰（1991）在《农业金融名词词语汇释》中指出：农业保险是在农村地区实行以参加保险者交付的保险费建立的保险基金，用以补偿参加者因自然灾害、意外事故或个人丧失劳动力及死亡所造成的经济损失的一种经济补偿，则都使用了广义的概念。由这一界定可知，农业保险不仅保障农业生产对象，还保障农房、农舍、农机等农民财产，甚至涉及农村居民短期意外、健康险等。2013年，我国农业保险条例直接将后两者都归入涉农保险，指出涉农保险是指农业保险以外、为农民在农业生产生活中提供保险保障的保险，包括农房、农机具、渔船等财产保险，涉及农民的生命和身体等方面的短期意外伤害保险。狭义的农业保险承保标的一般仅限于农业生产对象和以农产品进入农业生产过程的农业生产资料，如耕牛、蛋鸡、能繁母猪、玉米饲料等。需要强调的是，脱离了农业生产过程中的农产品不能成为农业保险的承保对象，如已经收割进入仓储的稻谷则不能成为农业保险的承保对象。本书研究对象即为狭义的农业保险。

4. 保险利益

保险利益为被保险人因其对保险标的具备所有权、占有权或债权等产生的经济利益，农业保险的保险标的为农业生产对象和部分农业生产资料，一般是有生命的活体，具有成长性。农业保险保障的是标的的未来价值，其保险利益为预期利益。

5. 可保风险

农业具有天然的弱质性，面临着自然风险、经济风险、社会风险、技术风险等多重发展难题。自然风险是指气象、病虫害、地质环境等灾害造成农业损失的可能性，是农业生产中不可避免的最直接风险，一旦发生往往具有区域性、系统性。重大自然灾害造成损失的巨大，往往超过了单个保险公司的偿付能力。经济风险主要指市场风险，如生产资料价格上涨或农产品价格下降等造成预期收益损失。经济学中著名的"谷贱伤农""蛛网模型"等都深刻地描绘了农业市场风险给农业生产带来的危害。社会风险是指政局动荡、行政干预、劣质种料、环境污染等社会因素可能引起的农业生产经营损失。技术风险则是指技术应用不当或新技术适用性、可靠性不强等带来的农业生产损失风险。显然，并不是所有风险都能成为可保风险，可保风险必须具备偶发性、可计量、大量发生、合法性等基本要件，除此之外还要考虑保险公司的可承担能力。随着农业科技、信息技术等不断进步，以及农业保险经营管理经验的积累，农业保险的可保利益是不断变化的。农业保险最初仅承保自然风险造成的成本损失，从基础的物料成本保险发展到包括人工、管理费用在内的完全成本保险。然而市场经济条件下，生产资料和农产品价格波动造成的农户收入损失同样不容小觑，"谷贱伤农""蛛网效应"等模型都形象地描绘了价格风险对农业持续稳定产生的不利影响。因此农业保险的可保风险正逐渐向市场风险发展，产生了价格指数保险、收入保险等覆盖市场价格风险的新型保险产品，但并不是所有的价格风险都能成为可保对象。农业价格风险具体是指产品实际价格（或成本）与预期价格（或成本）产生差距的可能性，其是否为可保风险，除了满足可保风险的基础条件外，关键还在于产品的市场化、信息化程度，能否使保险机构能够顺利获得合理的预期价格。农业保险的社会风险、技术风险等由于衡量困难，且大多并不符合大量且偶然发生的大数定律的数理基础，因此，尚不属于可保风险。

（二）农业保险的特征

1. 功能多重性

农业保险具备一般保险的基本职能，包括风险分散、损失补偿、资金融通、防灾防损与收入再分配等，随着产品与服务的不断拓展，其金融媒介、收入保障与社会管理等职能的附加职能也不断丰富。风险分散是指农业保险通过集聚资金，使个人风险由集体来承担。损失补偿是指保险事故造成损失后由保险人根据合同约定给予相应补偿；资金融通是指农业保险资金通过专业团队运作，进入资本市场，即从暂时闲置状态融通给市场。防灾防损是指保险人通过保险条款的设置、现场的防灾防损核查和技术指导等减少农业风险造成的实际损失。收入再分配是指农业保险通过保费收支，将保费收入从所有投保人转移给了遭受保险事故的被保险人（或受益人），即从多数人转移分配给了少数人。金融媒介是指农业保险作为促进农民参与金融市场的媒介，起到了一定的作用。我国农户由于信用难以评估、可抵押资产不足、金融知识匮乏等成为金融市场参与的弱势群体，保险抵押贷款、"银保合作"、"保险+期货"等政策与产品创新，为农户直接或间接地参与金融市场提供了助力。农业保险的社会管理职能是指农业保险逐渐发展成熟后在社会发展中的地位不断提高，被直接作为政府社会管理的工具，或者对国家社会管理做出了贡献，大多数国家的农业保险都有政府的参与和支持，我国政策性农业保险更是占到95%的市场份额。保险的社会管理职能主要表现在社会保障管理、社会风险管理、社会关系管理与社会信用评价4个方面。就农业保险来说，其社会管理职能主要表现在农业风险管理、农业社会关系与农户信用评价管理3个方面。广义的农业保险，也包含了农村社会保障管理职能。随着全球农业保险的繁荣发展，其衍生职能还将不断丰富。农业保险的丰富职能，是其产出效应、收入效应、环境效应等复杂多重效应的基础。

2. 承保阶段性

农业生产的周期相对较长,而投保时保险标的的农产品价值并未完全体现出来,因此农业保险承保的大多是预期利益。由于不同阶段农产品的预期利益和面临的风险可能存在较大的差异,所以农业保险保单存在很强的阶段性特征。以水稻成本保险为例,一般将水稻的生长期分为分蘖期、抽穗期、成熟期,当农作物在不同时期受灾,每亩(1亩≈666.67平方米)最高赔付标准将按照保险金额的不同比例依次由低到高,如40%、70%到100%;又如经济作物油菜成本保险类似地分为苗期、蕾苔期、开花期和成熟期,每亩最高赔付标准则按照保险金额以30%、60%、80%到100%设置[①]。这样的设计体现了,随着生产农作物生产成本的逐渐增加,保险金额也逐渐增加。养殖保险的阶段性特征更为突出,如生猪保险,20千克以下的生猪只能投保仔猪保险,出险时按照仔猪的市场价ість赔付;只有20千克以上的才能按育肥猪投保,且出险时按照生猪体重对应的市场价值进行赔付。

3. 正外部性

农业保险的正外部性包括生产的正外部性和消费的正外部性两个方面。生产的正外部性是指全社会从农业保险的生产中可以获得额外的收益而不需向供给者(即保险机构)付出更多的成本,因此正外部性产品的市场供给一般小于社会希望。农业保险生产的正外部性体现为提高农业资金运营效率,农业先进技术应用与推广和农业数据积累。农业保险消费的正外部性,即全社会从农户购买农业保险中获得额外收益而无须向农户支付更多成本,因此消费正外部性的产品的产量也往往低于社会希望。农业保险消费的正外部性表现为,保障农业再生产顺利进行、维护粮食安全和社会稳定。农业保险的正外部性决定公共财政对农业保险补贴会保障社会福利增加,公共财政补贴农业保险是政府对社会整体资源配置的一种途径,

---

[①] 数据来源于中国人保保险合同。

如果资源配置方式不当，导致低效率或没有实现补贴预定目标，很有可能引起社会整体资源配置效率的降低，从而引发农业保险的负面作用。所以，政府应该理清介入农业保险市场的行为界限，并设置相应的考核机制，避免农业保险市场中政府资源配置行为的低效率。

二、政策性农业保险

一般认为，政策性农业保险的概念最早由郭晓航教授1986年在"保险学会第三届全国学术研讨会"上提出，其认为"农业保险属于政策性保险，国家应从政策性这一角度考虑给农业保险适当的支持"。2002年修订的《农业法》首次确认"政策性农业保险"，2013年实施的《农业保险条例》规定"国家支持发展多种形式的农业保险，健全政策性农业保险制度"，从法律制度层面肯定了政策性农业保险的提法。按照"保险—政策性保险—政策性农业保险"的思路，首先厘清政策性保险的概念有利于理解政策性农业保险的内涵。袁宗慰教授认为，"政策性保险"是政府为了某种政策性目的，运用商业保险的原理并给予扶持政策而开办的保险。张洪涛（2014）对政策性保险的界定为"在一定时期、一定范围内，国家为促进有关产业的发展，运用政策支持或财政补贴等手段对该领域的风险保险给予保护或扶持的一类特殊形态的保险业务"。诸多学者研究了农业保险从商业保险转变成政策性农业保险的原因，归纳起来主要有3个方面：产业支持保护的政策目的、风险的弱可保性与有效需求不足。农业的产业支持保护主要归因于农业生产的正外部性、农业的准公共物品特性以及增强农产品国际竞争力的需要。风险的弱可保性来源于农业天然的弱质性，风险集中、灾害性强等问题。有效需求不足则是因为农业保险的被保险人是农户，农户收入偏低、保险意识不足，保险知识的欠缺等，因此，商业保险的运行在许多国家都以失败告终。

对政策性农业保险的实践进行总结，其主要具备以下几个方面的特征：

（一）政府参与

不同国家因制度设计不同，政府参与程度也不尽相同。当前，成功的农业保险发展模式主要有：合作互助型的日本模式、民办公助型的法德模式、政府主导型的美国模式等，政府参与程度逐渐加强。政府参与农业保险的方式包括制度与政策的提供、监督管理与财政支持等。我国政策性农业保险采取"政府引导+自主经营"的模式（PPP模式）运营，政府全面参与农业保险的制度建设、政策制定，给予保费补贴并且进行监督管理，各保险机构通过市场竞争的投标（遴选）方式获得经营权，经办机构必须严格按照政府制定的农业保险实施方案运营，政府对保险公司经营绩效进行考评，财政监管部门及银保监局进行运营与财政的双重监管。大多数政策性农业保险都会由国家财政给予一定的支持，这是国家对农业的纯投入。财政提供保费补贴是政策性农业保险政府参与的主要手段之一，也是最有效、激励最强的方法之一。财政支持的形式包括保费补贴、经营管理费用补贴、减免税收，或建立再保险公司对农业巨大灾害损失进行兜底等。根据2007年的一号文件精神，中央财政将农业保费补贴列为财政预算科目，这成为我国农业保险发展史上的新起点。我国农业保险保费补贴分为中央、省、市、县多级财政补贴，具体补贴比例根据险种和经济区域有所不同。

（二）多元政策目标

农业保险的职能比较丰富，在分散农业风险、稳定农户收入、影响农户生产决策和农业生态环境等方面具有不同程度的影响，因而，其政策目标一直都是多元的。以美国为例，根据2014年美国《农场法》（*Farm Bill*）的定位，农作物保险的政策目标有：维持美国粮食安全、确保美国民众廉价粮食供应、帮助美国农民收入平稳增长和确保美国农产品全球竞争力（庹国柱，2018）。我国农业保险一直以来并没有统一而明确的政策目标，长期致力于农业保险研究的学者们纷纷提出了自己的主张（庹国柱和张峭，2018；冯文丽和苏晓鹏，2020），相关政策建议包括：为农业提供风险保障和农业支持保护，保障农户收入增加，维护国家粮食安全和提升农产品国际竞争力等。

（三）普惠性

国务院（2016）印发的《推进普惠金融发展规划2016—2020》对"普惠金融"的定义为：普惠金融是指立足机会平等要求和商业可持续原则，以可负担的成本为有金融服务需求的社会各阶层和群体提供适当、有效的金融服务。农业保险作为重要的普惠金融工具，主要因为其具有广泛的包容性，即服务对象为全社会的所有阶层和群体，强调人人都有获得金融服务的权利。农业保险保费低廉，农户自缴费用少，参保门槛低，同时对特别困难临贫易贫户还给予倾斜性政策支持，特殊时期甚至全部减免贫困户保费，这使全体农户具备参保的能力。农业保险的保障对象包括全体农户，从贫困户、小农户到大规模新型经营主体，然而对不同规模的农户，保险公司一直统一制定相同保险费率并提供同等理赔服务，这消除了传统金融的歧视性，突出了公平性。

（四）非营利性

从政府的角度来说，政策性农业保险的主要目的在于支持农村农业事业的发展，而不是营利。但为了维持商业保险公司经营的积极性，允许商业保险公司"保本微利"运营。改革开放初期，在商业化运作下，中国人民保险公司的农业保险连年亏损，后来在政府政策引导下以险养险，才得以维持。全商业化运作之后，农业保险业务全面萎缩，即表明了市场化运作下，农业保险业务维持营利很难。《农业保险条例》规定："保险机构应当公平、合理地拟订农业保险条款和保险费率。"在保险条款和保险费率拟定上，要求保险公司听取政府财政、农业、林业部门和农民代表意见，且报监管部门审批或者备案，一定程度约束了政策性农业保险经办机构定价自主权；2016年《中央财政农业保险保险费补贴管理办法》鼓励建立农业保险费率调整机制，要求经办机构（或专业经办机构）连续3年承保利润超过财险业务（或财险行业）平均水平的，原则上应当适当降低保险费率，由此限制了农业保险机构通过农业保险运营获得高额利润的可能。

综上所述，本书对政策性农业保险做出如下界定：政策性农业保险是指政府为实现特定农业经济发展目标，在一定时期、一定范围内，对保障重要农产品生产风险的保险业务，给予政策与经济支持的保险制度。

三、农业产业

产业是社会分工现象，是一个历史范畴，伴随生产力和社会分工的深化而产生并不断扩展。通常，学术界所界定的农业产业有广义和狭义之分，广义的农业产业即为农、林、牧和渔四大领域所组成的第一产业，而狭义的农业产业仅指种植业。于光远（1982）提出了"十字形大农业"的概念，将农业范围进一步扩大，他把农、林、牧、副、渔称为"一字形"农业，又称作农业的"产中"，还有为农业提供良种、生产资料的行业，以及对农产品进行运输、储藏、保鲜、加工、销售的行业，分别称作农业的"产前"和"产后"。由农业的产前、产中、产后组成纵向的"一字型"农业，把两者结合起来形成了"十字型大农业"的概念。可见内涵更广的"大农业"不仅包括农林牧副渔第一产业，还包括涉农第二产业和涉农第三产业。涉农第二产业即农产品加工业，涉农第三产业即农业服务业，包括农业生产性服务业和生活性服务业。

当前农业保险的承保对象仅为农业生产经营者，而且不能脱离农业生产，承保标的也仅为在产农产品，因此不涉及第二、三产业范畴，本书所研究的农业产业仅包括农林牧渔第一产业。

第二节 农业产业发展的基础理论

在研究农业经济的长期增长问题时，农业产业发展的基础理论是宏观经济增长理论、产业发展理论、产业结构理论的原理方法在农业方面的具体应用。农业部门经济增长规律符合整个经济增长的一般原理。农业产业发展理论是产业发展一般理论在农业领域的应用。产业经济增长理论、产业结构理论和产业组织理论等都为农业产业发展提供支持，是农业长期经济增长的重要驱动力。

一、农业经济增长理论

早期的农业经济思想，可以追溯到古希腊、古罗马时期，如色诺芬、加图等对农业的地位、作用，农产品价格功能的阐述等。然而直到西欧中世纪，农业经济思想都只是包含在关于政治、社会、经济以及农业技术研究的一般论述中。关于农业经济比较系统的研究开始于近代资本主义前期，17世纪以后，"重商主义"促进资本主义进一步发展的局限性凸显，古典政治经济学将理论研究的重点由流通领域转向生产领域。在近代资本主义初期，农业依然是国民经济中最重要的生产部门，因此被学者们广泛讨论和深入研究。威廉·配第在《赋税论》中提出"土地是财富之母，而劳动则是财富之父"，表明财富的最后源泉是土地和劳动。法国古典政治经济学家布阿吉尔贝尔认为财富来源于农业生产，把经济研究转入农业生产中。李嘉图坚持劳动价值论，创立了比较完备的地租理论，认为利润是剩余价值的唯一形式，而地租是利润的派生形式。古典政治经济学是在价值理论的基础上来研究农业的，探讨了地租理论、农产品价格理论、生产要素投入与收益间的关系以及有关农业的各种政策，从而真正进行了农业经济的理论探讨。[①]

现代农业经济科学是在现代西方基础经济理论运用于农业的过程中进一步分化、成熟和完善起来的。19世纪70年代以后，以边际效用价值论为

---

① 李秉龙，薛兴利. 农业经济学[M]. 北京：中国农业大学出版社，2015：11-13.

基础的边际学派兴起，随后 Marshall（1890）将边际分析与英国传统经济学形式相结合，使之占据了西方经济学的主流地位。以马歇尔为代表的新古典经济学家的研究主要局限于微观层面，在"资源稀缺性"前提和"理性人"假设的基础上，用"价格"代替古典经济中的"价值"理论，认为在完全市场机制下，均衡价格能够实现要素的有效配置。

《通论》的发表，标志着凯恩斯宏观经济时代的到来。凯恩斯的"需求管理"理论认为，宏观经济通常情况下的均衡是小于充分就业的均衡，主要原因在于有效需求不足。消费偏好偏低、资本边际效率不足、货币的流动性偏好过高，是导致有效需求不足的原因，提倡政府通过宏观经济政策促进充分就业来拉动经济增长。凯恩斯的理论被认为是研究短期经济均衡优化的比较静态研究。第二次世界大战以后，宏观经济研究的重点转移到长期经济增长上来，哈罗德-多马模型（Harrod-Domar model）是早期的宏观经济增长模型。其基本方程可以表达如下：

$$g = s/v \tag{1-1}$$

式中，g 为经济增长率，s 为边际储蓄率，$v=K/Y$ 是资本产出比。这一方程表明经济增长率取决于储蓄率与资本产出比。索洛（1956）放松了哈罗德-多马模型中资本与劳动力按固定比例投入的假定，建立了索洛经济增长模型（Solow Growth Model，也被称为新古典经济增长模型）。索洛在假定技术水平外生的条件下，设定了以下总产量生产函数：

$$Y(t) = F(K(t), L(t)) \tag{1-2}$$

式中，Y 为社会总产出，K 为固定资本，L 为劳动力。这一方程表明，总产出同时受到劳动力与资本要素投入的共同影响。索洛模型中，资本和劳动力具有可替代的特征，且资本具有边际产出递减规律，即随着资本积累规模的提高，资本的边际生产力下降。因此对劳动与资本投入规模进行调节，调整劳动与资本的配合比例，可以找到实现理想均衡的要素组合。找到这一理想要素组合的机制是要素的市场价格，通过利息与工资所形成的市场均衡来对要素进行配置。

根据以上假设，新古典经济增长模型的表达式可以表述如下：

$$\frac{\Delta Y}{Y} = \frac{\Delta K}{Y} \times \frac{\Delta K}{K} + \frac{\Delta L}{Y} \times \frac{\Delta L}{L} + \frac{\Delta R}{R} \qquad （1-3）$$

式中，$\frac{\Delta Y}{Y}$ 为经济增长率，$\frac{\Delta K}{Y}$ 为资本的产出弹性系数，$\frac{\Delta K}{K}$ 为资本的增长比率，$\frac{\Delta L}{Y}$ 为劳动力的产出弹性系数，$\frac{\Delta L}{L}$ 为劳动的增长率，$\frac{\Delta R}{R}$ 为技术进步的增长比率。

在新古典经济增长模型的基础上，考虑技术的内生性，形成了以 Romer（1986）、Lucas（1988）、Grossman 和 Helpman（1991）为代表的内生增长理论。内生增长理论从人力资本投资、知识积累、研发开发等角度解释了技术进步对经济长期增长的影响，形成了现代宏观经济增长理论的主要内容。宏观经济增长理论的一般原理在农业经济增长的研究中得到了广泛的应用，成为农业总产出、农业发展、农业生产效率、农业全要素生产率等研究领域的基础指导理论。

二、产业布局的区位理论

区位理论主要研究产业的区位选择问题。区位选择将影响厂商在区域内部的空间分布，形成产业布局。经典的区位理论来源于 19 世纪和 20 世纪初德国著名经济学家杜能与韦伯，后经廖什、艾萨德的发展，日臻成熟。1826 年杜能在《孤立国》一书中，首次对区位问题进行了研究，提出最早的农业区位理论，主要内容是研究距离对农业土地效益的影响。其后，韦伯（1909）发展了工业区位理论，通过计算原料运费和企业的最低成本点来确定企业的最佳区位。1939 年廖什总结了杜能的农业区位论和韦伯的工业区位论，增添了市场分析、贸易分析等新的区位分析角度。后来区位论对产业布局的研究大致经历了成本学派、市场学派、成本-市场学派、社会学派、行为学派、历史学派、计量学派等不同发展阶段，对区位因素的研究也逐渐从单一过渡到多重。区位选择要考虑的主要因素被称为区域的区位因素。随着时代的发展，影响产业区位选择的因素呈现多元化和复杂化的趋势，包括自然因素、社会经济因素、科技进步、投资软环境和人力资源状况等都会对企业的区位选择和产业布局产生影响。传统的区位理论通常认为运费、劳动力费用和聚集因素是最主要的区位因素。获得集聚效应是区位理论对区位选择提出的重要标准之一，集聚效应是指由于某些产业部门、某些企业向某个特定地域集中所产生的使生产成本降低的效果，主要通过企业间的分工协作、扩大生产规模等方法来实现，表现为联合化和协作化。诸多学者对集聚现象、集聚的原因以及集聚可能产生的经济效益进行了研究。

马歇尔（1997）最先对集聚现象展开了研究，他将集中于某个具体空间范围内的工业称为地方性工业，提出产业集聚区的特征至少应包括：在特定地理空间范围内生产制造性质相同或相似的产品，技术工人所掌握的知识或技术具有相关性或者共通性，并认为自然条件、宫廷奖掖、统治者推动是促使地方性工业兴起的主要动因。自然条件包括气候环境、水源矿产等。宫廷奖掖是指宫廷周边聚集着财力雄厚和消费能力较强的富裕阶层，旺盛的需求吸引高品质商品和精湛的手工业者聚集。统治者推动则是指统治者有目的地将各地的技术工人聚集在一起，这可能是纯粹地为了某一技术更好地发展，也可能是为了其他政治、军事目的等。马歇尔归纳了产业集聚形成之后的积极作用，认为地方性工业的兴起无形中为技术工人们创造了互相交流经验的机会，促进了知识的传播和技术的改进。推进专业化分工程度的提升，增强服务的针对性，为技术工人提供经验共享的平台，使工业生产从技术溢出中获得额外收益。

韦伯是现代工业区位论的奠基人，他认为聚集因素是由于把生产按某种规模集中到同一地点进行，因而给生产销售方面带来利益或节约，工业企业是否集中在同一区域取决于集聚的收益与成本的对比。在特定时期，聚集可以共同享受基础设施建设和公共设施，共享通信信息，共享能源交通、共享辅助企业、共同开发市场，共享优越的生产要素，集中管理，分工协作，带来生产上的便利，直接促成利润增加，给企业带来巨大的外部收益，产出集聚效应。有时候集聚所带来的效益要大于由于偏离运费最低点和劳动费用最低点所增加的费用。根据是对集聚状况（如分工的专业化程度、人口膨胀、城镇化发展）产生影响，还是对布局位置产生影响，韦伯将区位因子分为集聚因子和区域因子。集聚因子如企业因自身具有规模效应、企业间的分工合作关系紧密等。区位因子如气候适宜、交通便利、水矿资源充沛等。韦伯综合考量了多种工业区位影响因素之后得出结论，企业的最优区位地理位置应该是运输费用、劳动力成本以及集聚作用三者的总成本最低的地点。

美国区域经济学家胡佛（1948）将集聚经济作为影响产业区位选择的因素之一，将集中在一定空间范围内的生产企业所产生的规模经济定义为某个产业集聚体的规模经济，提出产业集聚规模并非越大越好，而是存在一个最佳规模。如果集聚企业过少，规模太小，那么集聚效应无法充分发挥；如果集聚企业过多，规模太大，可能又会导致集聚区的整体经济、社会效应因某些不易控制的因素而不升反降。胡佛认为集聚现象的形成原因主要是内部规模经济报酬递增、都市化经济以及本地化经济的发展（何世聪，2006）。胡佛在廖什研究的基础上，经过进一步分析，总结了产业区域化的几项基本决定因素：集中经济、自然资源禀赋以及货物运输费用。胡佛认为地形、气候、土壤条件、资源分布情况等区位因素不仅是客观存在的，而且是完全固定或者至少是相对固定的，在短时间内不易改变，不同地区的区位因素分布是不均匀的，差异性普遍存在。不同区域之间产业结构的区别以及同一区域之内产业发展的选择在很大程度上都是由区位因素决定的。

波特（Porter）是战略管理学派的领军人物，他从企业如何占据竞争优势的视角对产业集聚现象展开探讨，提出了"产业群"（Industrial Clusters）的概念，同时运用"钻石模型"（见图 2-1）对产业群与产业集聚现象做出了分析。对产业集聚的理论分析框架包括以下几个方面：生产要素、需求条件、产业群（即相关及支持性产业）、竞争战略、机会和政府管理。产业集聚是企业获得竞争优势的源泉。同时，他还阐述了产业集聚影响企业竞争优势的途径。波特的研究还表明产业集聚在企业区位选择中扮演着非同一般的角色。如果产业集聚区已经形成，那么集聚因素应该优于其他区位因素，在企业选择地理区位时必须首先考虑。政府部门对于推动产业集聚的形成是可以发挥主观能动性的，重点应从建设完善基础设施、制定产业优先发展政策、培训教育专业化人才等方面着手。

美籍奥地利经济学家约瑟夫·阿洛伊斯·熊彼特（1912）提出了"创新理论"，即从创新的角度来分析资本主义制度的基本特征、产生原因和历史发展趋势，并将技术创新与产业集聚结合起来进行研究。他在阐释经济周期及经济波动的原因时明确指出，气候、革命、战争都会影响经济周期，但所产生的作用比较有限，影响经济波动的主要原因应该是技术创新的产业集聚和增长的非同期因素。他认为产业集聚与技术创新之间相互促进、相辅相成，产业集聚通过知识溢出推动创新；创新行为对人才、技术、环境等创新要素的需求又有助于形成产业集聚。创新行为在时间轴中并非均匀分布，在空间上也并非孤立存在，而是趋于集群，表现为多个企业之间互相合作和竞争，创新行为总是趋于成簇地发生。形成以上观点的原因有两个：第一，创新行为不会随机分布于经济系统之中，它的分布是有规律可循的，一般集中于某些特定的产业部门及其邻近部门；第二，当少数具有开创精神的企业创新成功之后，它们所获得的经济收益和社会声誉必然会吸引越来越多的企业紧随其后，跟进创新。

三、产业结构理论

（一）农业产业结构及产业结构调整理论

《农业大词典》（1998）将农业产业结构定义为：一定时期和地域范围内农业内部各生产部门的构成状况及相互关系。如农业中农、林、牧、渔各业的比重，种植业中粮食作物与经济作物的比重。农业产业结构通常用农业总产值构成、农业用地构成、播种面积构成、劳动力占用和资金占用构成等经济指标来反映。农业产业结构是一个多层次的复合体，已成为对农业产业结构认知的共识，既包部门产业结构，即农林牧副渔的产值构成及其内在关系构成的结构，也包括各部门内部根据产品和产业特点而划分的若干不同产业组成的结构，如种植业划分为粮食作物与经济作物与其他作物、畜牧业划分为家禽和牲畜等。

早期关于产业结构演进的思想可追溯至威廉·配第（1672）。配第首先发现了经济发展与产业结构变动之间存在重要的关联。之后代表性研究包括霍夫曼（1931）的《工业化的阶段和类型》、克拉克（1940）的《经济进步的条件》、库兹涅茨的《现代经济增长》（1966）、《各国经济增长的数量方面》（1971）等著作，研究指向了国民经济产业结构变化的一般规律及演进动因分析。库兹涅茨在对农业产业结构演进特征产生的内在原因的论述中指出，农产品的固有属性、需求结构的高度变动、对外贸易及技术革新的扩散在经济发展水平不断提高的过程中对产业结构演进起着重要作用。美国经济学家 W. 刘易斯 1954 年集中地研究了发展中国家二元经济结构问题，他认为发展中国家整个经济由弱小的现代工业部门和强大的传统农业部门组成，发展中国家可以充分利用劳动力资源丰富这一优势，加速经济的发展。在劳动力无限供给的条件下，不断地实现以传统方式生产的劳动生产率较低的部门（传统农业部门）向以现代方法生产的劳动生产率较高的部门（现代工业部门）转变，从而消除二元经济结构。美国经济学家罗斯托在他的《经济成长的过程》和《经济成长的阶段》等著作中，提出了"主导产业扩散效应理论"和"经济成长阶段理论"。罗斯托根据技术标准把经济成长划分为 6 个阶段，每个阶段都存在主导作用的产业部门，经济阶段的演进就是以主导产业交替为特征的。

冯海发（2001）认为新世纪的农业结构调整是对农业结构的全方位、战略性、全局性和根本性的调整。熊德平（2000）认为农业产业结构调整已经呈现出新的特征：调整的依据是市场需求而不是政府计划，调整的主体是农业生产者，调整的力量是利益驱动而不是行政推动，调整的手段是产业政策而不是指令计划，调整的过程是动态演化而不是静态到位，调整的行为是主动直接的而不是被动间接的。韩玉萍（2015）指出农业产业结构演进，既反映出农业各部门数量关系的改变（量变），也反映出农业各部门层次、水平的提升（质变）。对农业产业结构优化的认识，不同学者从不同角度进行描述，尚欣（2004，2007）认为农业产业结构优化是指依照农业系统内的能量流、物质流、信息流等内在机制和市场机制，对系统内各种生产要素进行合理配置，以提高资源利用效率，实现经济、社会和生态目标。且农业产业结构优化的战略思想属农业可持续发展理论范畴，应将农业经济活动置于生态系统，两者并存于一个大系统中，互为影响，农业产业结构优化必须适应生态系统的内在规律，按照生态系统的内在要求调整农业的种植结构、品种结构，尽可能恢复农业系统内部被破坏的种种生态秩序。

（二）农业产业结构调整与农业经济的关系

产业结构调整理论作为经济发展研究领域的重要命题一直备受关注，相关研究对资源约束条件下进一步寻找提高生产效率的路径具有重要指导意义，是我国供给侧结构性改革的理论基础，代表性观点主要源于马克思主义经济学关于结构问题的论述和发展经济学的结构主义观点。

1. 马克思主义经济学理论

市场经济下，市场机制可以提升要素的配置效率，但是也可能产生结构性问题。资源的市场配置以价值规律为基础，以市场机制对要素配置进行调节，被称为"看不见的手"。市场机制包括价格机制、竞争机制以及供需变动机制等，同样生产成本下，价格越高利润越高，价格机制引导了要素的流动方向，在价格机制与供需机制的共同作用下，资源短缺部门市场价格较高，使要素流向资源短缺部门，在竞争机制下，由于存在利润差异，社会资源向生产率较高的优势企业流动，以此不断提升配置效率。西方对供给方面的研究几乎不涉及"结构性"问题，而马克思的社会总资本再生产理论则十分强调和重视社会总产品、总生产的结构均衡。马克思将社会总产品分为两大部类："Ⅰ.生产资料：具有必须进入或至少能够进入生产消费的形式的商品。Ⅱ.消费资料：具有进入资本家阶级和工人阶级的个人消费的形式的商品。"[①]不仅注重两大部类之间的资本构成结构和比例之间的关系，还对各大部类内部结构和比例进行了研究。通过对两部类之间的交换进行分析得到结论："在简单再生产中，第Ⅰ部类的商品资本中的 $v+m$ 价值额必须等于不变资本 Ⅱc……，或Ⅰ($v+m$)＝Ⅱc。"[②]即第Ⅰ部类所提供的生产资料，在补偿自己生产部门所耗费的不变资本之后，应正好等于第Ⅱ部类所需补偿的不变资本，社会简单再生产才能正常运行；只有当Ⅰ($v+m$)＞Ⅱc 时扩大再生产才会出现；当Ⅰ($v+m$)＜Ⅱc 时，即消费资料生产部门所耗费的不变资本无法得到充足的补偿，简单再生产将无法顺利进行，社会总产品和总生产将会萎缩。马克思进一步将第Ⅱ部类分为"必要消费资料"和"奢侈消费资料"，强调了消费资料生产部门交换关系之间比例结构的重要性；而在第Ⅰ部类的交换关系中，也指出为了进行再生产，作为生产资料的生产资料会在不同生产部门之间进行分配。马克思社会总资本再生产的研究，客观地向我们展示了，两大部类比例的失衡如何造成了总产品的结构性过剩或者不足，从而导致整个社会总生产的畸形扩张或者萎缩。这对于调整我国当前面临的部分行业产能过剩，产业结构不合理，区域发展不均衡等都有着重要的指导意义。

2. 发展经济学理论的结构主义观点

发展经济学形成于 20 世纪 40 年代后期，主要关注对象是落后的农业国家或发展中国家，发展经济学的核心问题是经济的发展问题，区别仅关

[①] 马克思. 资本论（纪念版）：第 2 卷[M]. 北京：人民出版社，2008：438-439.
[②] 马克思. 资本论（纪念版）：第 2 卷[M]. 北京：人民出版社，2008：446.

注数量的经济增长理论，发展经济更加重视质量与数量在内的经济高质量发展。结构主义是发展经济学主流学派，与新古典经济学主张的市场经济可以实现市场出清，达到帕累托最优状态不同，结构主义认为，欠发达的经济体普遍存在结构失衡的问题，长期处于经济的非均衡状态，要素在产业部门间流动可以影响产出效率Kuznets（1979）。Chenery等人（1986）和Syrquin（1986）认为结构变化和要素重置效应能够促进增长。Syrquin（1986）推广了Solow的增长核算框架，把TFP的增长分解成为行业TFP的增长以及要素的配置效应。后来，这一框架被广泛用于分析结构变化的影响，如Timmerand Szirmai（2000）利用类似的分解对亚洲制造业的"结构红利"进行了研究。在国内，刘伟和张辉（2008）、战琪（2009）分析了我国结构变化对TFP和经济增长的影响。

第三节 农业保险对农业产业发展影响的基础理论分析

农业保险对农业生产要素投入以及对农业生产效率的影响一直是学者们关注的重要问题，尽管经验研究的结论并不完全一致，但在理论研究中，"期望效用理论""道德风险理论"的应用却达成了共识，也成为本书研究的主要理论基础。除此之外，根据我国农业保险实践以及农业保险本身的属性，本书也提出了农业保险所具备的政策性特征与外部性特征对农业生产要素配置产生影响的依据，具体分析如下。

一、期望效用理论分析

期望效用理论产生于20世纪50年代，Vonneumann和Morgenstern在公理化假设的基础上，运用逻辑和数学工具，建立了不确定条件下对理性人进行选择分析的框架。Arrow和Debreu将其吸收进瓦尔拉斯均衡的框架中，成为处理不确定性决策问题的分析范式。这一理论可以用来预测人们在不确定情况下做出的选择，即在未来多种决策中进行选择时，人们总是会选择期望效用最大的方案。在风险存在的情况下，决策者的方案面临预期收益的不确定性，预期效用一方面取决于预期收益的大小及其产生的概率，另一方面还取决于决策者的风险态度。风险态度分为风险偏好型、风险中立型和风险厌恶型。其中，风险厌恶者的期望效用曲线被设定为凹函数（见图 1-1），其中 P 为农业风险发生的概率，W_1 为风险发生时的预期收益，W_2 为风险不发生时的预期收益，确定收益的预期效用为 $U(PW_1+(1-P)W_2)$，风险收益的预期效用为 $PU(W_1)+(1-P)U(W_2)$。从图中可以看出，确定收益预期效用大于风险收益预期效用。

农户为风险厌恶型决策者，未来预期收益方差越大，预期效用越低，农业生产未来预期收益方差取决于风险发生的概率 P，与风险损失（W_2-W_1）。农业生产风险因素较多，对农业未来预期收益影响较大，农业保险作为风险分散的专业工具，基本职能是灾后损失补偿，直接作用是提升 W_1，使其向 W_2 靠拢，达到减少（W_2-W_1）的目的，从而改变农业生产者的预期效用。农户可以选择购买保险，也可以选择不购买保险，选择投保的人通常都是风险厌恶型。数学家贝努利指出，如果保险是按照公平精算费率计算得出的，那么对于投保人来说，投保的期望效用一定要大于（或至少不小于）不投保的期望效用，这一结论就是贝努利定理（即人们会通过固定的保费支出方式来换取未来不确定的巨额灾害损失赔偿）。当农户购买保险时，假设农业保险的保费为 a，按照公平精算费率农业保险提供的保障必须小于 $PW_1+(1-P)W_2-a$，农业保险运营才不至于亏损，此时农户的预期效用为 $U(PW_1+(1-P)W_2-a)$。图 1-1 中，这一效用值显然小于 A 点，按照贝努利的观点农户购买保险后其效用值 $U(PW_1+(1-P)W_2-a)$ 也肯定大于或至少不小于 B 点，即农户未来预期效用提高。

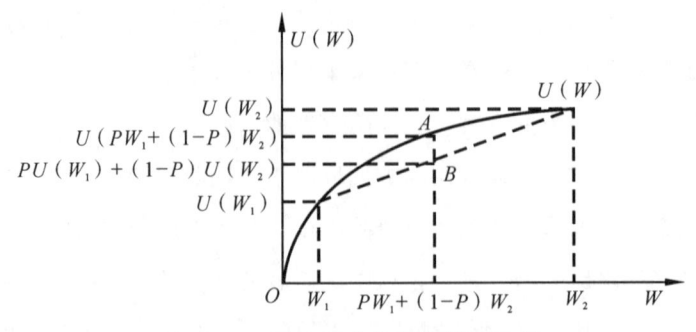

图 1-1　风险厌恶者的期望效用曲线

二、道德风险理论分析

卢现祥（1996）[①]曾对道德风险行为理论进行了梳理。追根溯源，"道德风险"原是研究保险合同时提出的概念。按照投保人行为发生的时间，道德风险可以分为事前道德风险和事后道德风险。在保险合同的签署中，一方面，由于投保人可能怀有谎报风险的动机，保险公司难以针对不同投保人的实际风险来收取不同费用，而只能根据平均风险收费，结果使许多投保人有机可乘；另一方面，由于投保人在投保之后可能会减少防灾努力而增加灾难风险，出现所谓的"不利影响"。制度经济学家和产权经济学家常以"道德风险"概括人们的偷懒和搭便车动机以及机会主义行为。在委托代理理论中，道德风险是指：由于信息的不对称和监督的不完全，代理人所付出的努力小于他得到的报酬（徐林，2004）。

道德风险同时作用于农业保险供给方和需求方，被认为是农业保险市场失灵的重要原因（张跃华等，2016）之一，学者们由此对私人种植业保险市场的可行性提出了质疑（Ahsan, Ali 和 Kurian, 1982；Chambers, 1989；Nelson 和 Loehman, 1987；Goodwin, Smith, 1995）。在我国以小农户分散经营为主的农业经济模式下农业保险运营成本和监督成本畸高（夏益国等，

---

① 卢现祥. 外国"道德风险"理论[J]. 经济学动态，1996（8）.

2019），保险公司面临的道德风险问题日益凸显（柴智慧和赵元凤，2019）。为了对抗道德风险，保险合同通常包括免赔额、共同给付条款（Pauly，1968）或其他在保险人和被保险人之间分担损失的机制，如不足额保险等（Holmstrom，1979；shavell，1979）。然而，由于监测农业生产的成本较高，私人作物保险需要较高的免赔额或较高的保费成本。这两者又降低了生产者对保险（Goodwin and Smith，1995）的需求，进而影响农业保险实施的效果。

道德风险不仅对农业保险市场的发展产生影响，也会影响农业生产。当投保生产者在购买保险后采取的行动能够提高其预期赔付时，就会产生道德风险（Glauber 等，2002），道德风险是一个被保险的人在防止损失方面比未被保险的人更不小心的倾向。被保险人有动机采取行动，在不利状态下增加损失，并避免采取行动，减轻不利状态的损失（Quiggin，1992）。在作物保险中，个人对自然状态无法控制可能是正常的，但是，根据合同，个人可以影响赔偿金额（Ahsan 等，1982）。这种负向的激励效应会直接影响农业的要素投入决策。道德风险也可能改变农民的其他行为，如管理技能和要素质量行为，这些行为会对技术效率产生直接影响（Kirkley 等，1995，1998）。

三、产业政策理论分析

产业政策是指政府对某些特定的行业（可具体细分为行业内特定企业或某特定地区的企业）实行差别化的政策，也被称为选择性产业政策。还有一些学者指出，功能性产业政策（Lall，2001）[①]，即政府提供制度条件、建立公平竞争的市场环境等普惠性政策，也是产业政策的应有之义。产业政策是政府影响或干预经济的重要形式，从经济史学的观点看，可以溯到17世纪英国的贸易保护和产业保护政策。几个较为重要的观点包括：美国财政部长汉密尔顿提出，经济发展落后的国家，政府应对国内产业进行保

---

① Lall（2001）较早提出了选择性和功能性产业政策的文献。

护，应扶持制造业发展（18世纪后期）；李斯特（1841）在《政治经济学的国民体系》中系统阐述了德国应实行保护主义政策以促进本国生产力的提高（19世纪初）等。

我国农业保险作为保障农业发展的财政政策手段，具有明显的政策导向，在初步形成的覆盖全国农、林、牧、渔全产业多层次农业保险产品体系的基础上，对不同产业和地区制定了不同的补贴形式、补贴比例。中央保费补贴政策、地方保费补贴政策实施的目的和导向也不完全相同。

（1）农业保险的中央产业结构导向。总体来说，中央政策方向倾向关系国计民生、对农业和农村经济社会发展有重要意义的农作物，且对经济落后地区的补贴强度更大。2007年发布的《中央财政农业保险保费补贴试点管理办法》指出"中央确定的补贴险种的保险标的为种植面积广、关系国计民生、对农业和农村经济社会发展有重要意义的农作物"，起初仅包含玉米、水稻、大豆、小麦和棉花五种农作物，同时指出试点省份可根据情况自主选择其他险种予以支持。

（2）农业保险的地方产业结构导向。除了中央保费补贴政策险种之外，其他险种被称为"地方特色险种"。2019年，财政部在10个省（区）实施了地方优势特色农产品保险奖补试点政策[①]，并于2020年将范围扩大到20个省（区），奖补政策鼓励各地区根据自身产业发展的优势特征，适当选择2~3个产品作为中央奖补产品。许多地区更是依此制定了省、市级奖补。中央、省、市、县多级差异补贴及各级奖补的保费支持制度强化了农业保险的产业导向作用[②]。为了更好地推动地方经济发展，地方政府支持的特色险种保费补贴通常更倾向地方优势产业，这些优势产业经济效益较高，具有短、平、快等特点。地方特色保险保费补贴体系逐年完善，目前已形成

[①]《财政部关于开展中央财政对地方优势特色农产品保险奖补试点的通知》（财金〔2019〕55号）。

[②]《财政部关于扩大中央财政对地方优势特色农产品保险以奖代补试点范围的通知》（财金〔2020〕54号）。

了"中央奖补+省级政策性+省级奖补"的多层次特色农业保险补贴政策体系（见图1-2）。

图 1-2　地方特色农业保险补贴政策体系

财政政策的使用可能会产生一定的挤出效果。财政政策挤出是指财政支出对居民消费支出和投资带来的负面影响。章晨（2003）认为，政府较为集中的大规模基建投入必然挤出民间资本，且商业银行对政府项目进行资金配套，会减少商业银行对企业的信贷资金，从而抑制投资需求。汪祥春（2003）认为财政政策有挤出效应也有挤入效应，短期内挤入效应占据优势，但是从长期来看，或当经济运行接近充分就业时，财政政策的挤出效应处于支配地位。吴俊培（2004）认为，政府支出增加，会减少私人部门可支配的资金，挤出私人部门的投资。投资的挤出主要来源于财政项目挤占民间投资项目和减少了企业信贷能力或私人部门可支配资金，从而对社会投资产生影响。政策性农业保险的保费补贴政策实际是财政对农业后备基金的支出，属于财政支持的一个项目，但农业保险一般并不用于直接投资，因此通过直接投资挤占民间投资项目的可能性并不存在。但在财政预算一定的条件下，农业保险的飞速增长势必对其他直接补贴或金融支农政策产生挤出作用，这种挤出是否会对农业投资产生影响，则取决于农业保险与其他金融或补贴政策对农业投资影响作用的大小。

四、外部性理论分析

外部性又被称溢出效应，分为正外部性和负外部性。正外部性是指某个经济行为主体的活动使他人或社会受益，而无法从受益者那里获取相应报酬；负外部性是某个经济行为主体的活动使他人或社会受损，而造成负外部性的主体却无须为此承担代价。

农业保险机构的风险管理过程可以对农户农业技术尤其是风险防范类技术产生溢出效应。农业保险的正外部性包括生产的正外部性和消费的正外部性两个方面。生产的正外部性是指全社会从农业保险的生产中可以获得额外的收益而不需向供给者（即保险机构）付出更多的成本，因此正外部性产品的市场供给一般小于社会希望。农业保险生产的正外部性体现为，提高农业资金运营效率，农业先进技术应用与推广和农业数据积累。农业保险消费的正外部性，即全社会从农户购买农业保险中获得额外收益而无须向农户支付更多成本，因此消费正外部性的产品的产量也往往低于社会希望。农业保险消费的正外部性表现为，保障农业再生产顺利进行、维护粮食安全和社会稳定。农业保险的正外部性决定公共财政对农业保险补贴会促进社会福利增加。公共财政补贴农业保险是政府对社会整体资源配置的一种途径，如果资源配置方式不当，导致低效率或没有实现补贴预定目标，很可能会引起社会整体资源配置效率的降低，从而引发农业保险的负面作用。所以，政府应该理清介入农业保险市场的行为界限，并设置相应的考核机制，避免农业保险市场中政府资源配置行为的低效率。

【本章小结】

本章是全书研究的理论基础，主要包含3个方面的内容：

（1）对研究对象中所涉及的农业保险、政策性农业保险、农业产业3个基本概念进行界定。

（2）梳理有关农业产业发展的基础理论，其中包括以宏观经济增长理论为基础的农业经济增长理论，涉及产业布局的区位理论和影响生产均衡与生产效率的产业结构理论。

（3）分析农业保险影响农业产业发展的理论依据和逻辑思路。其中，促进农户期望效用提升是农业保险投入产出效应研究中应用得最为广泛的理论之一。道德风险在保险实施过程中普遍存在，也是一直用来解释农业保险影响农户行为的基础理论。除此之外，政策性农业保险独有的产业政策特征和农业保险的准公共物品属性所带来的溢出效应也在一定程度上影响农业产业的发展。

第二章

乡村振兴背景下贵州省农业保险发展的转型需求

贵州省是中国西部经济欠发达省份之一，从新中国成立初期到恢复农业保险业务，再到2007年被纳入中央财政补贴能繁母猪养殖保险试点区域，与全国农业保险一样，在过去的十几年中取得了快速的发展。2020年，全省政策性农业保险保费收入为16.35亿元，累计为802.3万户次农户及各类农业生产组织提供风险保障1 922.52亿元，累计向32.82万户次投保农户支付赔款8.77亿元。在脱贫攻坚时期，农业保险作为支农惠农的重要手段，发挥经济补偿功能，在为贫困人口发展农业产业提供兜底保障方面发挥了重要的作用，通过促进"产业增收"构筑长效防贫机制，实现从"输血"到"造血"的转变，为贵州省全面实现脱贫摘帽贡献了力量。乡村振兴战略背景下，如何推动农业保险向精细化、科技化、市场化转型，进一步促进农业增长、引导产业优化，提高农业产出质量与效率；如何根据特有的山地农业产业特征精准施策，高效助力贵州农业经济发展，是贵州省农业保险发展的当务之急。

第一节　农业保险对农业产业发展影响的优势分析

随着生态环境的恶化，极端天气导致自然灾害频发，禽流感、猪瘟等疫情肆虐，加上市场化改革后，生产资料成本和农产品价格更易波动，我国农业产业经营风险整体呈现加剧趋势，农业风险管理的紧迫程度也在加深。作为农业大国，我国一直重视农业风险的管理，构建了从灾前防护到灾后救助补偿的一系列政策措施。灾前防护包括两个方面：一方面是防止损失发生；另一方面是提高农户抵抗风险的能力。农防工程建设、动植物防害防疫技术推广、良种推广等，为增收减灾做出了巨大的贡献。这些年尽管农业自然灾害加剧，但自然灾害造成的损失却在减少。同时，政府通过建立粮食储备计划、出台农业直接补贴政策等，减少市场冲击对农户收入影响的同时降低农户生产成本，提高了农户抵抗风险灾害的能力；但以政府直接补贴和托市收购为主的风险灾害管理体系，对农业生产起到了积极的作用，也带来了一些不利影响。由于灾前防范受制于财政能力和技术水平的限制，灾后救助补偿不可避免。灾后救助包括自我救助、民间互助救济、政府援助与市场化手段的损失分担转移。自我救助和民间互助的能力有限，灾后救助大多还是通过政府来主导。近年来作为市场化救助补偿手段的农业保险开始逐渐发挥重要作用。我国政策性农业保险采取"政府引导+市场运作"的方式进行，结合了"财政能力和市场效率"，对市场干扰最小，从资源配置的角度来看，在促进农业产业发展方面具有兼备政策调控和市场效率的优势。

一、缓解要素配置的市场化改革对农业产业发展带来的不利影响

改革开放以后，市场在农业生产要素配置中发挥了越来越重要的作用，但市场化配置可能产生个人理性与社会理性的冲突，导致要素配置的结果并不利于"三农"发展。农业保险有助于纾解农业生产要素市场化配置中面临的这些问题。

党的十九届四中全会意见指出，要素的市场化改革即"实现要素价格市场决定、流动自主有序、配置高效公平"。市场化改革将带来更加灵活的土地管理制度，更加自由且成本更低的劳动力流动，更有效率的资本配置，以及更富有活力的技术创新。根据配第-克拉克理论，由于产业间收入弹性与投资报酬的差异，劳动力会从第一产业向第二产业转移，然后从第二产

业向第三产业转移。劳动力的这种转移，是经济结构进步升级的结果，符合整体经济发展的需要。农业劳动力转移，农业土地资源等向少数人手中聚集，是推进农业规模化、现代化发展的重要路径。然而，当前我国农业劳动力转移却呈现年龄结构特点，大量农村青壮年劳动力外流，"留守村"成为农村普遍现状，老人孩童留守的村庄农业劳动力整体弱化，农业发展后劲不足。长期来看，采用机械化手段代替流失劳动力，加强人力资本推动农业规模化发展，顺利实现农业向产业化升级转型是解决问题的根本途径。欧美、日本等发达国家和地区正是通过这样的历程实现了农业现代化发展。但在我国仍以小农经济为主的背景下，农业分散化、碎片化情况更加普遍。短期来看，农业劳动力弱化，抵抗农业风险的能力随之下降，农业劳动生产率下降和农业收入无法保障，会进一步促进人力资源流失，农村收入主要依靠外出务工人员收入回流来维持。有些地区连基本农业生产都无法继续，加剧了农业土地荒废。尽管农业劳动力外流，一定程度上促进了工商资本向农村转移（通过工资收入向农村转移），但资本具有逐利性，整体来看，农业投资回报率低的基本现实面没有改变。以往农业投资主要依靠政府补贴和金融机构倾向性政策支持，资本的双向流动壁垒破除后，农村资本回流的速度可能比不上外流的速度。已有研究表明，金融的市场化改革加强了金融机构的商业属性（汪昌云等，2014），在利润最大化的驱使下，收入资产少、征信成本高、生产风险大的普通农户很难从金融机构获得贷款，商业化金融机构在农村以吸收存款为主，贷款业务较少，加剧了农村资本外流，农业发展资金匮乏，融资难问题依然严峻。由于技术、知识等要素依附于劳动力和资本要素的投入，因此基本的传统要素投入的减少会导致技术、知识等要素随之稀释。即便在农业生产内部，要素也会向收益较高，具有"短平快"特征的经济作物倾斜，并不符合国家粮食安全和经济循环薄弱关键环节的需求，对农业乃至整个国民经济的良性循环产生不利影响。

政府主导下的农业保险所具有的政策性和普惠性至少可从以下几个方

面缓解资本逐利的盲目性所带来的负面影响：

（1）政策性农业保险实际是政府对农业生产的纯投入，具有转移支付的效果，整体上降低了农户的风险管理成本；同时，农业保险补贴政策在不同产业间具有差异，中央财政资金主要用于补贴关乎国计民生和经济社会发展安全的重要产业，目的也在于重点保障这些产业的发展，促进局部利益与整体利益和谐。

（2）政策性农业保险具有较强的普惠性，倾向小农户和经济发展落后地区，在脱贫攻坚时期，还特别推出了支农惠农的相关政策，如部分地区对建档立卡贫困户实行中央保费补贴险种个人自缴保费全免等。因此，在农业生产要素配置的市场化改革期间，为保障困难农户基本利益，缓解市场化改革带来社会民生等不利影响做出了贡献。

（3）在农业保险实施的过程中，政府鼓励农业保险与银行等金融机构合作，开发农业保险抵押贷款，期望能够进一步开发农业保险的金融功能。《关于加快农业保险高质量发展的指导意见》强调"要探索开展一揽子综合险，将农机大棚、农房仓库等农业生产设施设备纳入保障范围"，这是进一步加强农业保险对农业资本投入中生产风险的保障，鼓励农业资本投资。

当然，由于我国农业保险开展的时间尚短，与美国等农业保险开办历史较长的国家相比，还处于发展的初级阶段，险种保障程度较低，政策的支持力度和目标方向等都在不断优化中，各方面的效果可能并不明显，但从机制和长期政策目标来说，可在一定程度上缓解要素配置的市场化改革对农业产业发展带来的不利影响。

二、规避价格支持与直接补贴导致的价格扭曲与"黄箱"问题

行政指令式的价格维持制度，会导致供需失衡，市场经济条件下的价格支持保障往往与仓储收购制度合并使用。仓储制度在我国由来已久，在丰收之年以支持价格收购，保障农户收入的同时实现物资储备；当灾年的时候以较低价格出售，平抑物价的同时赈济灾民，以丰年之余应对灾年之

需，兼战时粮食储备与价格调控，为旧时期国防安全做出了重大贡献。但是这需要有强大的财政支持和仓储技术能力，在当代开放的国际环境下，还会对国内粮食市场竞争力产生不利影响，我国小农分散作业的条件下，较美国、日本等先进发达国家的农业来说，现代化、规模化水平较低，生产成本相对较高，为保障农户收入，国内制定了较高的价格维持制度，这导致国内食品加工及相关生产企业大量购买国外农副品原料，国内供给需要国家仓储来消化，加重了财政负和库存积压。

农业直接补贴，分为种粮农民补贴和农资补贴两大块，相较于价格支持制度导致国内国际市场价格倒挂，需求外流。直接补贴不干扰市场价格，同时可以降低农户生产成本和农产品市场价格，提升产品国际竞争力。农业直接补贴对农户和国内市场十分友好，却破坏了国际农产品贸易体系"自由竞争"的约定，受到了国际贸易规则的限制。以建立"公平、市场化的农产品贸易体系"为目标，1993年世界贸易组织乌拉圭回合谈判签署了《农业协定》，着力遏制各成员方过度的农业支持和保护。《农业协定》规定了红箱、黄箱和绿箱政策，红箱为禁止性政策、黄箱限制年度使用上限的政策，绿箱为支持允许的政策。评估农业支持政策能否符合和遵循《农业协定》及《补贴和反补贴措施协定》的规定，成为各国调整和改革粮食支持政策的重要依据。2006年后，我国粮食支持保障强度持续增加，作为黄箱政策的农业直接补贴当前仍处于全球高位（普蕢喆等，2021），提升空间已经十分有限。

现代化的农业保险按保障程度可以分为成本保险、价格保险和收入保险。其中，成本保险主要保障农户因农业自然灾害等造成的生产成本损失，并不会对农产品价格进行直接干预，尽管成本保险会对农户生产产生一定支持保护作用，但是却属于国际贸易规定中的"安全网项目"，符合绿箱政策要求。价格指数保险一般以预期价格为补偿价格，仅补偿市场价格与预期价格的差距，这相当于对价格风险造成的农户收入损失进行补偿，却并不干扰农产品本身的市场价格形成机制。价格指数保险一定程度上相当于农产品期货，但是相较于期货需要较高的参与门槛，农业保险更具有普惠性。收入保险合并了产量保险与价格保险的优势，也是对农户收入进行补偿，并不直接干预农产品市场价格。但是过度的收入保障便脱离了"安全网项目"的宗旨，国际规则对收入保险有一定的限制，根据保障程度不同区分为绿箱和黄箱两种，其中涉及品种选择与产量保障，或起赔点及保障程度不符合规定的属于黄箱政策。我国的收入保险一定程度上涉及黄箱政策，但是由于收入保险目前才刚刚开展，截至2021年7月，其保费规模占农业保险总规模的比重还不到0.2%[1]，还有较大的发展空间。

三、提高财政资金的使用效率

政策性农业保险保费补贴本质上是财政对农业灾害后备基金的直接投入和支持，但相较于一般的财政支持政策，农业保险可以更加有效地利用财政资金。马克思在批判《哥达纲领》的著名文献中指出，社会总产品中，必须扣除补偿消费掉的生产资料、用来扩大再生产的追加部分和因为事故、灾害等的后备基金或保险基金后才能够被用于消费。后备基金可以分为国家形式的后备基金，自留形式的后备基金和保险形式的后备基金。自留后备基金主要用于个体灾害补偿，但是补偿能力十分有限。国家形式的后备基金主要用于国防储备、重大自然灾害补偿等，但不能用于日常生产中的个体损失，且由于灾害的偶发性，救助对象不确定，重大灾害发生时受灾群众多，临时组织的管理和服务人员少等原因，无法按照个体受灾严重程度予以补偿，可能部分资金没有发放到真正需要的群众手中。保险形式的后备基金是社会性质的后备基金（孙一君和王桂芝，1989）[2]，通过集中农户少量后备资金，形成资金池，用于所有投保成员的风险灾害补偿，相较于国家后备基金，可以更好地顾及个体风险，相较于自留后备基金，可以

---

[1] 中国政府网. 我国农业保险保费补贴政策符合国际规则[R/OL]. http://www.gov.cn/xinwen/2021-07/06/content_5622897.htm.

[2] 孙一君,王桂芝. 保险理论与实务[M]. 大连：东北财经大学出版社,1989.

应对更大的灾害损失（李明义，1999）[①]。政策性农业保险一方面，通过中央财政资金支持，撬动省级财政资金，进一步撬动地方财政资金和农户保费，为农业产业的发展提供更高的保障；另一方面，运用了商业保险公司庞大的组织系统，使农业保险资金运用到最需要的地方，将农业后备基金配置到风险管理最需要的时间、地区和个体，按灾害损失程度给予补偿，实现精准补贴，起到了四两拨千斤的作用。同时，农业保险也经常作为其他政策的配套保障政策出现，保障其他政策能够顺利实施，避免风险灾害的次生损失，造成财政资金的损失。整体上来说，政策性农业保险可以多方位地提升财政资金的使用效率。

第二节　贵州省农业保险发展历程和多层次农业保险体系的初步形成

一、贵州省农业保险的发展历程

贵州省农业保险的发展历程与全国农业保险大体一致，从试办停业，到恢复开办、逐步开展、逐渐萎缩，再到政策性保险的出现、曲折、蓬勃发展，经历了70多年的发展过程，大致可以划分为3个时期：新中国成立初期试办阶段（主要为1950—1958年）、改革开放后恢复运行阶段（贵州省从1983年开始恢复试点农业保险业务）、政策性农业保险制度建立后高速增长阶段（2007年以后贵州省开办政策农业保险）。

（一）新中国成立初期试办阶段（新中国成立至1958年）

新中国刚成立就组建了中国人民保险公司。贵州省1950开始探索开办农业保险，办理的主要险种为耕牛保险、生猪保险等。新中国成立初期，保险业从零开始，由于缺乏实践经验且没有正确的理论指导，当时贵州省

---

① 李明义.金融业务与管理制度典范全书[M].北京：中国物价出版社，1999.

农业保险的发展方针与政策与当时的经济发展水平不相适应，出现了一哄而上、一哄而下的工作局面。中国经济走上计划经济轨道，1958年，随着政社合一的人民公社的建立，保险工作的作用在当时的社会背景下逐步消失，农业保险在全国停办，贵州也不例外。

（二）改革开放后恢复运行阶段（1983—2006年）

20世纪80年代初，随着改革开放的推进，全国开始恢复保险业，贵州省从1983年开始试办农业保险，到2006年，贵州省农业保险的发展经历了初步试办、略显成效、缓慢萎缩的过程。这期间农业保险的发展主要经历了3个阶段。

1. 恢复试办和探索阶段（1983—1990年）

此阶段由于国内保险业刚刚恢复，当时省内面临缺乏实践基础和经验借鉴，加之农业保险政策制度缺位、农村经济基础差、社会对保险认知程度低等困境，当时贵州省农业保险的试点存在许多困难。此阶段贵州省农业保险的主要目的是探索，积累经验，并没有得到较好的发展，这种探索和积累也为20世纪90年代初贵州省农业保险的发展奠定了基础。此阶段贵州省农业保险的发展具体表现为：一是险种较少。1985年前仅试办耕牛保险一个险种，且规模小覆盖面低，之后规模也没有得到较大提升。1986年新增了奶牛、生猪、养鸡、烤烟、森林等险种，但这些险种4年累计保费仅约16万元。二是试点地域相对狭窄，试点区域少，仅在贵阳、遵义等经济发展较好的地区试点。三是服务能力有限，运作流程粗放，逆选择和道德风险控制较难，赔付率较高，很大程度上制约了农险业务的进一步发展。四是农业经济基础差，农户对农业保险的认识深度不够，业务发展处于不稳定状态。1987—1990年，农业保险险种增加至22个，森林保险、烤烟保险是这一阶段的主要险种。但这期间贵州农险结构不合理，森林保险成为贵州省农业保险的主要险种，占保费总规模的90%左右，业务发展过于集中。同时农业保险的发展呈现出大起大落、徘徊不前的状况：1987年保费收入 74 万元，1988 年增加到 166.1 万元，增长速度为 124%；由于 1989 年受森林险脱保的影响，1989 年保费下降到 158.7 万元，1990 年保费进一步下降到 101.5 万元。

2. 稳步发展阶段（1991—1993 年）

1991 年，根据国家有关倾斜政策，以及中国人民保险公司有关发展农业保险的有关工作要求，中国人民保险公司贵州省分公司制定了相应的农业保险工作奖励办法和管理措施，并结合当时的全省农业发展情况修订了有关条款。在这一阶段，贵州省农业保险采用了新的经营方式，由于措施具体、政策到位，全省上下开展农业保险的积极性被充分调动起来，工作试点逐步铺开，贵州省农业保险连续 3 年实现了前所未有的快速发展。从农业保险保费规模的增长来看，1991 年贵州省全省农业保险保费规模 210 万元，比 1990 年增长了 1.07 倍，之后增长迅猛，1992 年达到 1 620 万元，1993 年达到 2 564 万元。1993 年农业保险保费占全省保险保费总规模的 6% 左右。

3. 业务调整和急剧萎缩阶段（1994—2006 年）

在这期间中国保险业出现了历史性的大事件，即保险体制改革，中国人民保险公司在 1994 年向商业性保险公司转轨，农业保险工作由转轨分业经营后的中国人民财产保险股份有限公司（以下简称"人保财险"）继续承担。由于中国人民保险公司的商业化，经营利润成为其创造价值、发展生存的衡量指标，转轨后其对整体业务险种进行了很大的调整，一些长期亏损、没有效益的险种被剔除，农业保险就是其中之一，1994 年起农业保险业务规模开始急剧萎缩。1994 年全省农业保费为 648 万元，较 1993 年下降了 75%。随后几年农业保险保费规模持续下降，到 2006 年仅为 95 万元。

（三）政策性农业保险制度建立后高速增长阶段（2007—2021 年）

2007 年是贵州省农业保险发展历史中第一个具有里程碑意义的年份。为支持生猪稳产保供，在总结了全国农业保险发展历史，借鉴西方国家发展经验的基础上，2007年7月财政部印发《能繁母猪保险保费补贴管理暂行办法》，按照国务院批示精神，在全国范围内建立能繁母猪重大病害、自然灾害、意外事故等保险制度，并对能繁母猪保险业务给予适当保费补贴，拉开了中国政策性农业保险发展的序幕。从2007年开始贵州省农业保险迈入了快速发展阶段，但过程中仍经历了曲折和变革，大致可以分为以下3个阶段。

1. 曲折中摸着石头过河的阶段（2007—2011年）

2007年，得益于财政部能繁母猪保险补贴政策的落地，贵州省农业保险较以往得到了飞跃发展，当年保费规模达到7 054万元，主要以中央财政补贴的能繁母猪保险为主，累计承保能繁母猪152.3万头，承保率高达93.23%。当年承保数和承保率在全国人保系统36家省级分公司中排名分别是第5位和第4位。当年还探索开展了林木、辣椒、肉牛、生猪等其他农业保险的试点工作，但因没有享受财政补贴政策，并未形成规模。

2008年，在中央财政补贴政策的继续带动下，贵州探索开办地方财政补贴的农业保险，对森林保险、茶树保险以及能繁母羊保险等险种进行了探索和试办。当年全省农业保险保费规模6 650万元，但由于2007年全省能繁母猪大规模承保，且险种风险防控技术欠缺，2008年的赔款支出额度巨大，赔款支出达9 186万元，经营亏损1 766万元，部分基层保险公司出现严重亏损。能繁母猪工作的推动给保险公司各级机构造成了巨大的经营压力，导致公司逐渐丧失发展农业保险的信心。

2009年起全省农业保险保费规模出现下滑且长期处于亏损状态，2019年保费规模5 463万元，赔款支出7 880万元，经营亏损977万元；受前3年贵州省农业保险持续亏损的影响，2010年全省农业保险出现了更大的萎缩，保费规模仅851万元，赔款支出1 472万元，亏损18万元；2011年由于烟草公司烤烟保险的开展，全省农业保险保费规模略有回升，保费规模回升至2 099万元，赔款支出1 209万元。

2. 政策完善后的共保发展阶段（2012—2020 年）

随着农业保险支持政策的不断完善，2012 年贵州省农业保险取得实质性发展。首先，当年全省农业保险保费规模达到 6 560 万元，与 2011 年的 2 099 万元相比增加 4 461 万元，增长 212.5%，赔款支出 3 289.68 万元。其次，贵州在原有能繁母猪、奶牛和森林保险保费补贴政策基础上，积极向财政部申请将水稻、玉米、小麦、油菜、甘蔗、马铃薯、育肥猪纳入中央财政农业保险保费补贴范围，并得到了批复。最后，2012 年人保财险贵州省分公司在全省各县（区）主要中心乡镇建设三农营销服务部，为进一步提高农险服务质量打下了基础。2012 年，贵州省的农业保险业务均由人保财险贵州省分公司独家承办。

2013 年是贵州省农业保险发展历史中第二个具有里程碑意义的年份，为以后年度贵州省农业保险实现阶梯式发展奠定了坚实基础，开创了贵州省农业保险发展的新局面。一是我国第一部农业保险法规《农业保险条例》正式实施，制定了"政府引导、市场运作、自主自愿和协同推进"的农业保险发展原则。该条例的出台以法律的形式赋予农业保险"政策性"的特点，并对政府部门的角色定位、职责职能进行了明确，强调了农险保险是需要政府职能单位和承办保险公司相互协调、相互沟通、共同推进的系统性工程。二是贵州省农业保险工作联席会议按照 2012 年财政部的批复，下发了《关于进一步扩大我省农业保险保费补贴品种相关工作的通知》（黔财综〔2013〕25 号），正式将水稻、玉米、小麦、油菜、甘蔗、马铃薯、育肥猪作为中央财政补贴险种进行推动。当年全省农业保险保费规模大幅增加，人保财险贵州省分公司实现农业保险保费收入 8 850.43 万元，与 2012 年相比增加 2 290.07 万元，增速为 34.91%，共承担赔款 7 161.36 万元。三是中国平安财产保险股份有限公司和中国人寿财产保险股份有限公司相继获得贵州农业保险经营资质，正式进入贵州农业保险市场，代表着保险业服务"三农"的能力正在逐步提升，市场化农业保险运作机制正在逐步形成。

2014 年，贵州省继续按照 2013 年农业保险相关要求，推动开展政策性农业保险，但由于农户保险意识未得到充分提高，保险公司的服务能力有限。截至6月初，中央财政补贴水稻、玉米保险的承保进度仍然缓慢。当年贵州发生严重暴雨洪涝灾害，省农业保险工作联席会议下发《关于大力推进水稻政策性保险等有关事项的紧急通知》，通过"基本+补充"的方式快速提高水稻、玉米等粮食作物的保险承保率。当年全省农业保险保费规模439.8百万元，支付赔款110.32百万元，灾后支付的保险赔款为各地受灾农户提供了经济补偿，为当年全省抗洪救灾做出了贡献，农业保险的成效、重要性得到了全省各级政府和广大农民群众的广泛认可。2015年，贵州省继续按照2014年的政策要求推动全省农业保险工作，全年保费规模518.94百万元，支付赔款198.92百万元。

2016年，各具有承保资质的保险公司间抢夺市场资源，使贵州省农业保险开始出现恶性、无序竞争的势头。为规范农业保险市场秩序，引导保险公司将工作重心放到提高服务水平上来，省农业保险工作联席会议印发了《贵州省2016年政策性农业保险工作实施方案》，在全省范围组建政策性农业保险共保体，通过划分县（区）承办的方式，由人保财险、平安产险、国寿财险和太保财险组成共保体为全省农业发展提供保险服务，并设计了较为完备的考核方案，每年对共保体各保险公司进行考核，根据考核结果调整各保险公司的承办区域和市场份额。这一共保机制一直延续执行至2020年。在此期间，贵州省不断完善政策性农业保险的补贴支持政策，2017年将蔬菜和家禽（肉鸡、蛋鸡）作为省级补贴险种在全省进行推进；2018年开展其他特色农业保险的省级奖补工作；2019年作为试点省份之一纳入中央财政对地方优势特色农产品保险奖补区域，将茶叶、蔬菜保险列为中央奖补险种；2020年增加家禽保险作为中央奖补险种。同时，为助力全省脱贫攻坚，还制定了政策性农业保险在贫困县（区）、乡镇的费率优惠政策，以及中央财政补贴险种对建档立卡贫困户的自缴保费减免政策。得益于农业保险制度设计的不断完善，2016—2020年贵州省农业保险实现了阶梯式发展。由于保险覆盖面的不断提升，保险公司的农业保险业务也逐渐转亏为盈。

2016—2020年贵州省农业保险发展情况如表2-1所示。

表2-1　2016—2020年贵州省农业保险发展情况（单位：百万元）

年份	保费规模	赔款
2016	646.17	267.29
2017	829.67	332.2
2018	1 189.82	619.73
2019	1 363.53	894.99
2020	1 669.78	951.43

数据来源：历年中国保险统计年鉴。

二、政策性农业保险遴选政策下向高质量发展转型阶段（2021年以后）

2021年，按照财政部《关于加强政策性农业保险承保机构遴选管理工作的通知》精神，贵州省下发了《关于印发贵州省公开遴选政策性农业保险承保机构的实施意见的通知》，根据服务能力、承办经验、机构网点、人员配备等综合指标，在全省公开遴选政策性农业保险承保机构。同时，结合贵州省财政不富裕的现实特点，采取预算执行的发展原则，每年严格按照财政补贴资金预算额度开展承保工作，根据财政状况每年适度增加资金预算，引导农业保险积极服务粮食安全和贵州省重点发展的特色农业产业。当年，全省农业保险保费规模1 669.78百万元，赔款951.43百万元。

三、当前初步形成的多层次农业保险体系

2018年中央一号文件暨《中共中央国务院关于实施乡村振兴战略的意见》提出"要探索开展稻谷、小麦、玉米三大粮食作物完全成本保险和收入保险试点，加快建立多层次农业保险体系"，这是从中央层面首次提出多

层次农业保险体系的概念。早在 2005 年，唐金成（2005）就在《论建立有中国特色的政策性农业保险制度》一文中提出过多层次农业保险体系的构想。彼时，我国农业保险保费补贴政策正在酝酿之中，真正意义上的政策性农业保险制度尚未形成。此文提出，应在积极调研和综合评估的基础上，建立符合国情的多层次的政策性农业保险体系，即应分层次建立全国性和区域性的政策性农业保险制度，分别开发相应的农业保险险种。之后，随着我国农业保险的不断发展，李琴英（2007）、王国军（2018）、郭江华（2020）等学者都从不同角度补充和拓展了多层次农业保险体系的内涵。概括来看，多层次农业保险主要包含农业保险多层次产品体系、多层次组织结构体系、多层次风险分散体系及多层次保费补贴政策体系等。从省域视角则重点关注符合当地产业发展需要的产品体系与能应对农业危害特征的风险分散体系，正如庹国柱（2016）指出，我国农业保险是统一制度和分散决策的总体设计，各地区应该根据需要制定自己的方案，确定当地农业保险的发展目标，推出当地的特殊政策支持措施、符合当地实际的市场结构和发展规划等。经过 2007 年以来 15 年的发展，贵州省已初步形成多层次的农业保险体系。

（一）多层次农业保险保费支持体系

从目前全国农业保险的发展情况来看，农业保险以政策性农业保险为主，保费主要来自财政补贴资金、农户自缴保费、企业缴纳保费。

1. 政府财政补贴

政府提供保费是指政策性保险中由中央、省级、市级以及县级多级财政对农业保险保费的补贴。目前贵州省对水稻、玉米、小麦、油菜、马铃薯、甘蔗、能繁母猪、育肥猪、奶牛、公益林、商品林、水稻制种、玉米制种 13 类物化成本保险给予中央、省、市、县四级补贴，占总保费的 85% 以上，统称为中央财政补贴险种。而对这 13 类险种外的其他农业保险，给予省、市、县三级补贴，占总保费的 70%，统称为地方特色险种。

贵州省 2021—2023 年政策性农业保险补贴和缴费比例如表 2-2 所示。

表 2-2　贵州省 2021—2023 年政策性农业保险补贴和缴费比例

险种		中央补贴	省级补贴	市级补贴	县级补贴	农户自缴
中央财政补贴险种	种植险和制种保险（水稻、玉米、小麦、油菜、马铃薯、甘蔗、水稻制种、玉米制种）	40%	30%	4.5%	10.5%	15%
	养殖险（能繁母猪、育肥猪、奶牛）	50%	17%	9%	9%	15%
	公益林	50%	30%	6%	14%	0
	商品林	30%	30%	7.5%	17.5%	15%
地方特色险种		0	40%	20%	10%	30%

数据来源：《贵州省政策性农业保险保费补贴资金管理办法》。

除此之外，省内各农业保险承保机构也开办了由农户、企业等全额缴纳保费的商业性农业保险，但整体占比较低，保费规模不到农业保险总规模的 3%。

2. 农户自缴保费

农户缴纳的保费包括商业保险保费和政策性农业保险的自缴保费。商业保险的保费大多由农户自己缴纳，但普通农户保险意识薄弱，因此，商业保险保费大多来自专业大户、家庭农场、农民合作社、农业产业化龙头企业等新型经营主体。

3. 企业缴纳保费

企业缴纳保费主要是与农户有保险利益关系的企业投保人缴纳的保费，如中国烟草公司为烟农提供的烟草保险保费补贴，再如贵州茅台集团为农户投保的种植险提供保费补贴。这些企业虽然不是农业生产经营企业，但保障相关农产品再生产能力对企业原料供应的稳定性十分重要。

（二）多层次农业保险产品体系

贵州省农业保险产品体系的发展涉及两个方面：一是产业结构；二是风险类别。从产业结构来看，已经形成了基本覆盖农林牧渔的全产业结构的产品体系。从风险类别来看，产品包括成本保险、气象指数保险、产量保险、价格指数保险、收入保险以及跨金融创新品种"保险+期货"等，从保自然风险逐渐向保市场风险过渡（见图 2-1）。

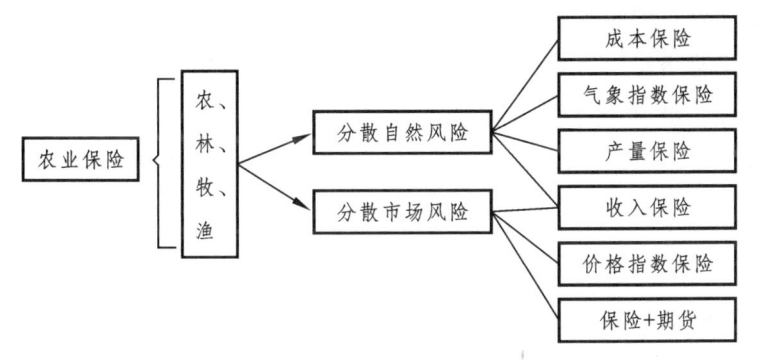

图 2-1　农业保险多层次产品体系

成本保险，也就是农业种养殖保险，当农产品在生产过程中因自然灾害或意外事故受损，保险公司开展查勘定损并支付赔款，帮助灾后农业尽快恢复再生产。气象指数保险，是在成本保险基础上衍生出来的，是将对保险标的损害较大的特定自然灾害进行量化，通过灾害数据变化来观察判断是否受损，并确定损失程度的一种创新险种，多在茶叶和蔬菜等种植品种中开展。从理论上说，其与成本保险相比具有灾害确定精准、避免逆向选择和道德风险、降低交易成本等优势，如茶叶种植容易受到"倒春寒"影响，依据茶叶低温气象指数保险，当气温连续低于 0 ℃ 一定天数时视为发生保险事故。产量保险，是在成本保险基础上的另一种创新，当农产品遭受自然灾害和意外事故造成产量降低且低于约定的保险产量时，保险公司结合产量损失情况支付赔款。其原理是假设农产品市场价格稳定不变，通过产量数据的变化精确计算农业生产实际遭受的经济损失。价格指数保险是指保险公司在市场波动造成农产品的价格下跌，且低于约定的保险价格时对被保险人给予赔款补偿的险种。与产量保险相反，其假设农作物的产量不变，通过实际价格与保险价格的差额计算农业生产实际遭受的经济损失。可以说，农产品价格指数保险的出现，弥补了农业保险对市场风险的保障空白，是农业保险发展中的重大创新。"保险+期货"是指通过价格指数保险为农产品提供价格风险保障，同时与期货公司合作，在期货市场上购买期权，进而将价格风险转嫁给期货市场，充分整合保险的风险分散和期货的价格发现功能，形成农产品市场风险分散闭环。收入保险是对农业风险保障最为全面的保险产品。农产品在收获上市时产量与价格两要素的乘积决定了农产品的总收入，如果说产量或价格指数保险是假设产量和价格其中一个要素不变，对因另一个要素下跌造成农产品收入的损失给予补偿，那么农产品收入保险就是综合考虑自然和市场两类风险的影响，对因产量和价格下跌共同造成的总收入损失给予补偿。

当前贵州省农业保险依然主要以物化成本保险为主，2021年开始试办完全成本保险，按照《关于加快农业保险高质量发展的指导意见》中"推动农业保险'保价格、保收入'，防范自然灾害和市场变动双重风险"的要求，价格指数保险与收入保险也逐渐进入试点推广阶段。

（三）多层次农业保险组织结构体系

当前农业保险主要有商业保险和政策性保险两大类。对于商业保险，理论上来讲，合规商业保险公司都可以经办，其组织结构应该是一个竞争性市场，但当前大多数国家，尤其农业保险发展较好的发达国家，农业保险都是政府支持的政策性保险，其组织类型包括政府主导型、民办公助型、合作互助型等。什么样的保险机构可以承保农业保险与一个国家的保险制度有关，如政府主导型的美国模式以商业保险公司为主，而合作互助型的日本模式则以合作互助组织为主。

我国农业保险既有商业性保险又有政策性保险，其中政策性保险占95%以上（庹国柱和张峭，2018），贵州省也不例外。我国政策性农业保险采取"政府引导+市场运作"的原则来组织，在农业保险条例规范下进行。政府设立农业保险工作小组，参与组织包括财政、农业农村、林业、银保监等部门以及主要农业保险承办机构，负责制定农业保险实施计划、政策、方案以及绩效考核、监督管理制度等。2020年3月成立中国农业再保险公司，规定政策性农业保险必须以其原保险费用的20%①进行再保险，对保险公司风险进行分散。承办机构主要是综合类大型商业保险公司和专业化农业保险公司。根据财政部的有关规定，只要符合农业保险经办资格的商业保险公司都可以参与政策性农业保险遴选。农业保险的监管机构与一般商业保险略有不同，由于政策性农业保险涉及财政资金，其财政资金运用由财政部监管局监管，而市场运营由银保监局监管。

农业保险多层次组织结构如图 2-2 所示。

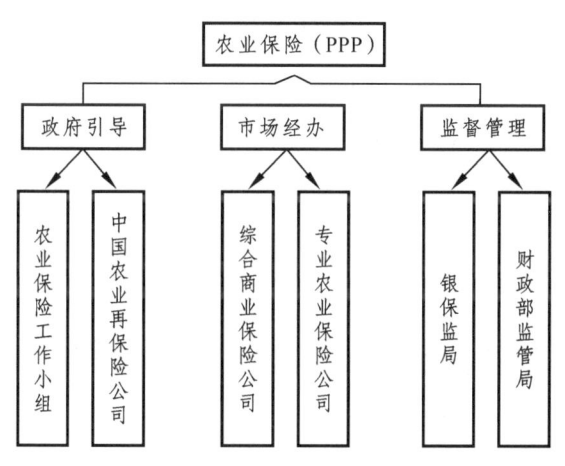

图 2-2　农业保险多层次组织结构

（四）多层次农业保险风险分散体系

农业风险具有风险集中、损失较大的特点，能否有效进行风险分散，

---

① 向各经办保险公司调研了解所得。

是农业保险制度成败的关键。构建多层次农业保险风险分散体系是农业保险建设的主要任务之一。农业保险可以通过跨品种、跨区域和跨主体，建立大灾风险保险制度、再保险、"保险+期货"等实现风险分散与转移。

跨时间分散，是以盈余时期来弥补亏损时期，政策性农业保险不以营利为目的。为了应对大灾时期的不时之需，我国建立了农业保险大灾风险准备金，保险公司每年按照保费收入的一定比例提存，提存比例根据不同险种有所区别，为 2%~10%[①]。

跨品种分散，是利用不同产业风险属性的差异，不同品种遭受同一风险受损的概率会比较低，当一种产品受损而另一种产品盈余时可以相互调剂，达到整体均衡。跨区域风险分散的原理类似。

跨主体分散是指农业保险经办机构通过共保等多种形式来共同承担损失，以避免单独一家保险公司遭遇集中风险。

跨市场分散是保险机构通过资金运营或产品创新，将农业保险风险转移给证券、期货等资本市场，将风险由农业领域分散到全社会。比如，"保险+期货"是将农业保险的风险转移给期货市场。由于我国大多普通农户缺乏专业的金融投资知识，期货市场参与率低，"保险+期货"相当于整合小农户资本进行大额期货交易，为小农户搭建了期货投资的渠道，在更大市场范围内分散了农业风险。

第三节 贵州省农业产业特征与农业保险转型发展的必要性

一、贵州省农业产业的特征

（一）贵州适宜发展现代山地特色高效产业为主的农业

从地理位置看，贵州省处在云贵高原的东斜坡地带，全省地势西高东

[①]《农业保险大灾风险准备金管理办法》（财金〔2013〕129号）。

低，由乌蒙山、苗岭、武陵山等构成了辖内整个地理形势，全省没有平原作为支撑，平均海拔 1 100 米，境内山地丘陵占 92.5%。从气候条件看，贵州省位于我国亚热带温湿季风气候区，降雨充沛、雨热同季，在秋收农作物生长期（4—9 月）太阳辐射相对较多，使贵州的生物资源种类呈现出多样性，具有发展特色种植产业得天独厚的条件和相对比较优势，适宜发展现代山地特色高效农业。其中，比较具有代表性的是辣椒和茶叶，贵州省辣椒种植面积常年稳定在 500 万亩（3 333.33 平方千米）以上，面积和产量均占到全国 1/6、全球 1/10 左右；贵州省位于中国四大茶区的交汇点，茶园面积常年稳定在 700 万亩（4 666.67 平方千米）以上，连续 7 年位居全国第一。同时，贵州省高度重视肉牛、家禽等特色养殖产业的发展，对接粤港澳大湾区肉类消费需求，特色畜牧业产能得到有效提升。

从 2021 年贵州特色优势产业发展的情况看，规模化、集约化和标准化水平显著提高。在种植业方面，茶叶、辣椒、猕猴桃、火龙果、蓝莓等产业规模在全国名列前茅，薏米、猕猴桃、太子参、百香果等产业规模进入全国前三；在养殖业方面，2021 年年末，牛、羊和家禽的累计出栏 1 849.7 万头、180.06 万头、279.97 万只、17 672.57 万羽，全年猪牛羊禽肉总产量 225.8 万吨，同比增长 10.1%。

（二）提升粮食自给率是贵州发展现代山地高效特色农业的必然要求

从历史上来看，因为喀斯特山区地形、气候，贵州耕地土壤浅薄，保水保肥能力弱，粮食单产偏低，且无法集中连片使用现代化农业机械，造成长期以来粮食产量无法自给自足，要依靠从外省调入和进口。根据国家统计局公布的数据来看，贵州省 2021 年粮食播种面积共 4 181.55 万亩（27 877 平方千米），同比增长 1.22%，粮食总产量 1 094.9 万吨，同比增长 3.49%。但仍然不足以满足全省粮食消费、饲料和酿酒用粮以及其他工业用粮。2021 年贵州省有统计数据的粮食企业的商品粮油购进量较 2020 年增加了 152.6 万吨，其中省外调入粮油较 2020 年增加 111.1 万吨，粮食进口较 2020 年增加 14.6 万吨，粮食从外省调入和进口增加的主要原因在于省内白酒行业和饲料加工业的发展对小麦、玉米、高粱、谷子、大豆等粮油品种的需求量不断增加。

从国家粮食安全的宏观战略布局来看，贵州省不断提升粮食自给率是彰显责任担当不给全国粮食生产增加负担的必然要求；从贵州自身农业经济发展的实际来说，除满足省内人民群众粮食消费外，实现粮食自给率的不断提升，推动白酒产业和饲料加工业发展，既是走现代山地特色高效农业发展之路的应有之义，也是巩固拓展脱贫攻坚成果同乡村振兴有效衔接的必然要求。

二、贵州省农业保险转型发展的必要性

（一）明确贵州省农业保险促进农业产业发展的方向十分必要

目前，我国农业保险并没有统一而明确的政策目标，庹国柱、张峭（2018）建议将保障农业可持续发展，维护国家粮食安全，促进农业现代化进程，保障农户收入稳定增长，控制农产品质量，保障国民廉价粮食供给，降低农产品价格，增强中国农产品的国际竞争力等作为我国农业保险的政策目标。冯文丽、苏晓鹏（2020）认为，在乡村振兴战略背景下，农业保险应该紧密围绕乡村振兴战略的总目标——"农业农村现代化"，充分发挥农业保险的风险保障和农业支持保护作用。多元政策目标下，农业保险的实施效果如何，其对农业产业发展的支持和促进作用是否得到发挥、得到多大程度的发挥，已经越来越得到重视。

结合贵州实际，在脱贫攻坚时期，贵州省作为我国贫困人口最多的省份之一，农业保险发挥再分配职能，支持农户增收是其首要政策目标。由于对贫困地区的费率优惠和对贫困人口自缴保费的减免措施，政策的福利

化倾向明显,总体表现为农户自缴保费比例属周边省份中最低和整体保障水平又相对较高两大特征。2019 年贵州省农业保险保障水平[①]达 45.1%,位居全国前五位,远高于全国平均水平 23.61%[②]。由此,一方面造成了过重的财政压力,目前仍有大部分财政补贴资金因地方财政困难难以及时足额划拨给保险公司,不利于政策性农业保险可持续发展;另一方面农业保险业务中,分散的小农生产业务占据了较高的比重,挤占了农业保险财政补贴资金对规模化、现代化程度比较高的农业产业发展的支持空间。更重要的是,在以农业农村现代化为目标的乡村振兴新时期,这样的政策导向是否有利于贵州省农业产业的高质量发展,值得探讨。

(二)贵州需要进一步提高农业保险发展的质量与效率

贵州省农业保险发展水平与先进省份还存在较大的差距。贵州省是全国首批农业保险保费补贴试点省份之一,但受限于财政收入低的实际情况,其增长速度与发展时间并不成正比。从保险深度来看,2019 年发展最好的地区是北京与上海,最差的地区为福建省与重庆市,贵州省农业保险深度为 0.60%,排名 23 位,一直处于全国平均水平以下(见图 2-3);从保险密度来看,2019 年全国最高的地区依然是北京与上海,最低的地区为福建省与云南省,贵州农业保险密度排名 27 位[③],在全国属于比较落后的水平,与先进地区相比差距悬殊(见图 2-4)。因此,围绕贵州省现代山地高效特色农业发展,完善制度设计,引导农业保险向保障粮食生产和规模化、现代化特色农业产业方面发展,是在有限的财政资源下,促进贵州省经济发展的关键。

---

① 农业保险保障水平=保险金额/农业产值。
② 数据来源于《中国农业保险保障研究报告 2020》。
③ 由于缺少相关数据,2019 年农业保险密度排名不包含辽宁省与西藏自治区。

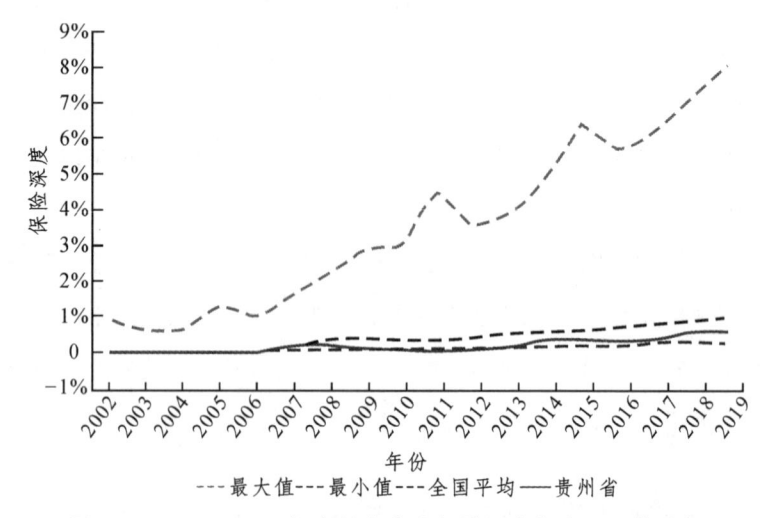

图 2-3　2002—2019 年贵州省农业保险深度与全国比较分析

数据来源：《中国保险年鉴》《中国统计年鉴》与各省（区、市）统计年鉴。

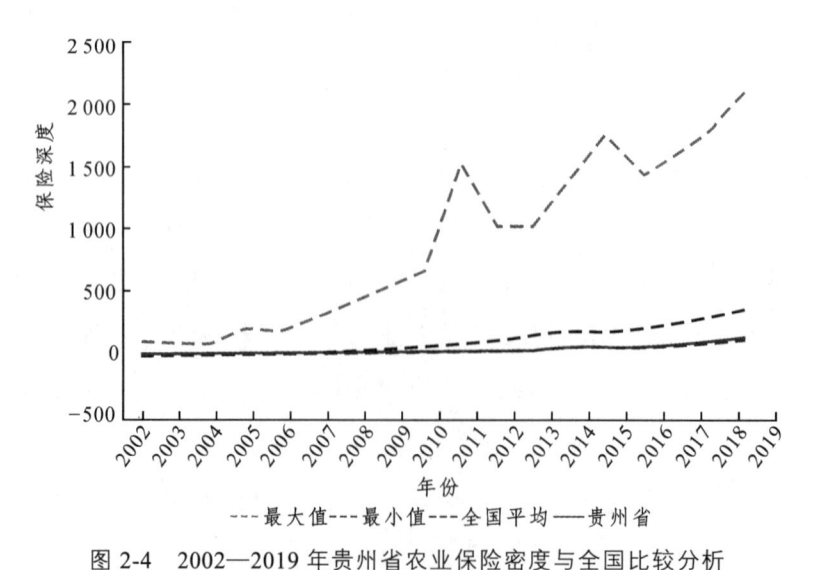

图 2-4　2002—2019 年贵州省农业保险密度与全国比较分析

数据来源：《中国保险年鉴》《中国统计年鉴》与各省（区、市）统计年鉴。

第四节 贵州省农业保险转型发展面临的关键问题

一、贵州省农业保险在产业间的发展不均衡

从险种结构来看，贵州省农业保险发展仍不平衡，不同产业保险的发展程度差距很大。2019 年贵州省主要农产品保险覆盖率数据显示，作为贵州主要粮食作物的稻谷、玉米等的保险覆盖率较高，其中水稻超过 50%、玉米接近 40%；生猪保险的覆盖率超过 20%，而蔬菜、水果、茶叶等经济作物的保险覆盖率较低，茶叶和水果不足 10%、蔬菜不足 5%（见表 2-3）。也就是说，由于产品相对成熟、开办经验丰富、风险管控难度小等，主要粮油作物和生猪保险发展较好；而在特色经济作物保险方面，因为产品创新不足、赔付风险较大、逆选择和道德风险难避免等，2018 年以来全省特色种植险长期处于亏损状态，因而保险公司不敢轻易扩大规模。而这种不平衡的险种发展结构与贵州省既要提高粮食自给率，又要大力发展现代山地特色高效农业的农业经济建设思路不相匹配。加大农业保险产品创新，切实提升对经济作物保险的风控水平和服务能力，使农业保险险种结构与贵州省农业产业结构相匹配，才能更好地服务农业生产，也能更好地实现自身的发展。"不匹配、不平衡"的问题既关乎质量又关乎效率，是农业保险精准施策需要解决的重要问题。

表 2-3 2019 年贵州省主要农产品保险覆盖率

农产品	播种面积/出栏头数	投保数量	覆盖率
稻谷播种面积/千公顷	664.72	364.71	54.87%
小麦播种面积/千公顷	137.22	5.10	3.72%
玉米播种面积/千公顷	530.59	203.10	38.28%
油菜籽播种面积/千公顷	445.69	60.41	13.55%
甘蔗播种面积/千公顷	10.58	3.61	34.11%
蔬菜播种面积/千公顷	1 435.60	50.54	3.52%

续表

农产品	播种面积/出栏头数	投保数量	覆盖率
茶园面积/千公顷	464.42	40.58	8.74%
果园面积/千公顷	684.50	62.49	9.13%
肉猪出栏头数/万头	1 678.56	350.98	20.91%

注：投保数量中不包含价格指数保险。
数据来源：根据贵州省农业保险月报、贵州统计年鉴数据整理。

二、风险异质性给贵州农业保险产品创新带来较大困难

受特有的高原山地农业特征的影响，贵州省的农业风险与主粮产区及农业经济发达地区相比都具有较大的异质性，近年来在中东部地区推动开办的创新农业保险产品在贵州略显"水土不服"。

（一）高原立体气候特征——气象指数保险基差风险大

贵州省因地理位置特殊，受大气环流及地形等因素影响，灾害性天气种类较多，暴雨、干旱、凝冻、冰雹、倒春寒等均有发生且对农业生产均有较大影响；同时，气候垂直变化显著，以茶叶为例，因同一茶园不同种植地点间海拔落差高、温度差异大，加之气象站辐射范围达不到无缝隙，气象指数保险对农作物面临的特定一种或两种自然灾害精确量化并进行风险管理，无法对农业生产进行全方位的保障。

（二）农产品市场化程度低——价格指数化进程慢

农产品价格指数保险的价格损失补偿职能的发挥，依赖于能够有效反映保险标的市场价格的指数信息，但就目前贵州省开办了价格指数保险的生猪、家禽、辣椒等农产品而言，除关系国计民生的生猪价格由国家统一监测、发布外，其他农产品并没有统筹建立权威且较为完备的价格监测发布机制，同时因为没有在期货市场上市，也难以创新"保险+期货"业务。

（三）经验与技术不足——产量和收入保险收效甚微

贵州省内相关职能部门与保险公司对发达国家产量保险的历史、经验了解甚少，片面地将产量保险等同于个体产量保险，加之除水稻外，其余农产品测产技术不到位或欠缺，因此在非大宗的水果、食用菌等地方优势特色农产品上开展试点，收效甚微；收入保险创新方面，由于产量与价格方面的技术和数据支持力度不够，也没有真正地推动起来，2020年全省农产品收入保险保费不足150万元。

三、特色农业保险遭遇可持续发展难题

贵州具有典型的高原山地农业特征，主粮产出少，生猪、奶牛等主要畜牧业也不发达，茶叶、蔬菜、水果、中药材等山地农业是其发展特色，特殊的产业结构催生了对特色农业保险的巨大需求。近年来，贵州省特色农业保险保费规模和已决赔款的增长速度每年均在15%以上。特色农业保险占农业保险总保费规模的比例逐年增加，2020年年底该比例超过了50%，特色农业保险保费比例位居全国第一（见表2-4）。贵州省山地特色高效农业的风险管理能力得到显著提升，在稳定农业生产、促进农民增收方面发挥了典型作用。

表2-4　贵州省2018—2020年特色农业保险发展情况表

年份	保费规模/万元	保险金额/万元	已决赔款/万元	占农业保险总规模的比例/%
2018	43 052	2 207 743	26 967	36.97
2019	50 728	1 096 663	43 913	39.58
2020	86 355	1 965 164	60 861	52.83

数据来源：2018—2020年《贵州省农业保险月报表》。

然而，高补贴的财政政策无法持续支持特色农业保险的飞速增长。脱贫攻坚时期，为体现农业保险政策的"普惠性"，贵州省农业保险不仅覆盖面广泛，而且制定了力度较大的农业保险保费补贴政策。首先，对贫困人

口给予较大的优惠政策倾斜,免除了建档立卡贫困户中央补贴险种自缴保费,并降低了其中央奖补险种的自缴保费比例;其次,建立了省级政策性蔬菜保险制度,通过"中央奖补+省级补贴"的组合产品承保部分高成本蔬菜品种;最后,对除茶叶、蔬菜和家禽外的地方特色险种,贵州省还制定了以奖代补的省级财政支持政策。这些政策尽管一时提高了新型农业经营主体和农户的参与积极性,但巨大的财政压力的负面效应也开始显现,贵州省农业保险应收保费持续增长(见图2-5),2019年某代表性保险公司应收保费率69.13%,位居全国第一。应收保费畸高造成该保险公司现金流困难,挫伤了其经办的积极性。

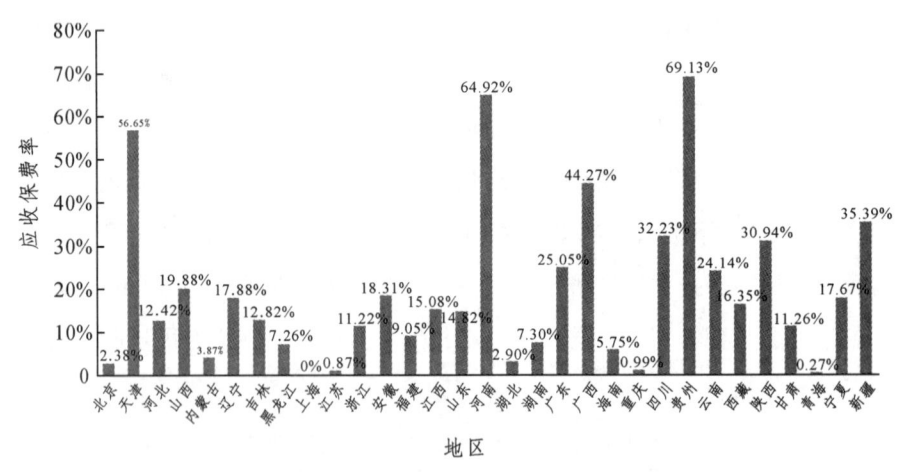

图2-5 2019年某代表性保险公司各地区农业保险应收保费率

四、产业导向功能弱化

2022年贵州省重新调整全省农业保险保费补贴方案,按财政部要求将中央奖补险种由茶叶、蔬菜和家禽调整为茶叶、辣椒和鸡,取消蔬菜省级补充政策性保险,将地方特色保险省级补贴比例统一调整为40%,同时将农户自交比例调增为30%。这一方案明显减少了财政补贴力度,简化了保费补贴政策,一定程度上缓解了当前的财政困难,但仍无法应对特色农业保险持续发展的财政资金增长需求，同时也产生了一些新的问题。

第一，地方特色农业保险农户自缴比例高于其他类型险种，不利于推动特色农险持续发展。脱贫攻坚时期，地方特色险种农户自缴保费比例不超过 20%，接近中央奖补、省级补充保险等，这对提升农业生产主体投保积极性，调动保险公司开办特色农业保险的积极性产生了极大的正向作用，是贵州省特色农业保险得到飞速发展的重要原因。调整后，特色农业保险农户自缴保费比例高于其他险种，这将降低特色农业保险的比较优势，可能造成特色农业保险有效需求不足。

第二，各级政府补贴比例在不同产业间无差别，缺乏产业发展导向机制。对除茶叶、蔬菜和鸡以外的特色优势农业给予统一 40%的省级财政奖补，无差别的保费补贴政策并没有充分考虑全省重点特色产业发展和布局情况。

第三，未对不同生产规模农户进行区分，无法满足差异化农业保险需求。新方案中除了中央奖补区分脱贫及边缘易致贫农户外，其余险种均未区分农户类型。对于特色农险而言，30%的农户自缴保费比例下，投保农户大多为规模化经营主体。

【本章小结】

本章在前文理论分析的基础上对贵州省农业保险发展的现实情况进行分析，根据贵州省农业产业和农业保险发展的历史与现状，指出了贵州省农业保险发展所具有的优势与不足，并对其转型发展中存在的问题进行了探索，主要观点如下：

（1）农业保险可以在一定程度上激励农户增加生产要素投入，缓解要素配置的市场化改革对农业产业发展带来的不利影响。相较于其他风险管理和财政金融手段，农业保险的实施对市场的干扰最小，作为世界贸易组织"绿箱政策"允许的农业支持手段，可弥补我国"黄箱政策"提升空间有限的不足，进一步增强农业产品的国际竞争力。通过"政府引导+机构经办"的运营模式，农业保险可以多方位提升财政资金的使用效率。

（2）贵州省农业保险紧随全国农业保险的发展趋势，经历了从开办、停办、恢复运行到快速及转型发展等各阶段，已经初步形成了覆盖农林牧渔全产业的多层次农业保险体系。随着农业保险规模的扩大和职能的丰富，在全国统筹发展下，只有因地制宜精准施策，才能更好地发挥农业保险对产业发展影响的积极作用。根据贵州省山地特色与粮食自给不足等主要农业特征，农业保险应进一步明确重点发展方向，并全面提升服务的质量与效率。

（3）当前贵州省农业保险覆盖率较高的依然是水稻、玉米等粮食作物，而具有产业特色的水果、茶叶等经济作物覆盖率并不高。缺乏经验和人才导致贵州省农业保险的自主创新能力不足，以致产品无法满足贵州省山地高原特征下异质性风险的保障需求。地方特色农业保险财政资金支持力度有限、农户自缴比例高、各级政府在不同产业间补贴比例没有差异、不同规模的农户自缴比例也无明显梯度等都使农业保险的产业结构调整导向功能被弱化，这些都是贵州省农业保险转型发展需要解决的关键问题。

第三章

农业保险对农业投入产出的影响研究

本章研究农业保险对农业产业发展的影响，主要包含三个方面的内容：一是对农业投入产出的影响；二是对区位产业布局的影响；三是对农业技术应用的影响。本章检验农业保险对农业投入产出的影响，农业保险对产业布局和技术应用的影响分别在第四章和第五章讨论。本章基于前文理论与现实分析，提出基础研究假设，进一步分析影响机制，选取相应指标构建模型，对回归结果进行分析。

第一节 理论分析与研究假设提出

一、农业保险与农业生产投入

农业收入低下抑制了农户农业生产要素投入的积极性，农业保险是增加农户收入的重要手段（杨春玲和周肖肖，2010；刘亚洲和钟甫宁，2019）。首先，从宏观的视角来看，农业保险是从总产品中留存的"后备基金"，当灾害出现的时候，如果没有事先提存的后备基金或保险基金在物质上或在经济上对自然力和偶发事故造成的破坏提供补偿，则无法使生产资料顺利投入生产或进行扩大再生产的生产资料追加。农业保险是将丰余时储备转向灾时使用，将无灾害地区储备转向灾害地区使用，将无损失个体的储备转向受损失个体使用（李丹，庹国柱和龙文军，2017），保障受灾农户可以尽快重新购置所需生产资料，提升了受灾农户生产要素再投入的能力。其次，政策性农业保险具有财政支持的功能，可以通过政策补贴进行收入再分配（张伟等，2021；Mavroutsikos 等，2021），提高农户的可支配收入，具有一定的反贫困作用（邵全权等，2017；张伟等，2017；朱蕊和江生忠，2019）。农业保险对农业收入的正向作用提高了农户要素投入的能力水平。

农业生产的预期效用低是阻碍农业生产要素投入的另一个主要因素，根据预期效用理论可知，生产者的预期效用取决于未来收益的期望值与期望方差。对于风险规避型农户来说，预期方差越小效用值越高。农业生产始终不得不应对不确定性（Moschini 和 Hennessy，2001），农户在由可控性差的生物（病、虫、草害）、环境（即天气、土壤和水分条件）和制度（即市场、立法）因素构成的复杂环境中进行资源配置决策。此外，经济和金融市场，以及政治和制度环境，都可能是不确定性的来源（Russo 等，2022）。未来，由于即将到来的与土地退化和气候变化相关的挑战（IPCC 2013 年；Raimondo 等，2021），预计农业中的风险暴露很可能会增加，这些都导致农业生产的预期方差很大。农业保险的引入可以改变这一状况，从概念上讲，农业保险是为了稳定预期的农业收入，精算公平的保险合同应该让农民的事后预期收入保持不变（Birthal 等，2022），农业生产的预期效用得到提升，进而对农业生产投入产生正向激励（黄颖和吕德宏，2021）。

农业保险作为风险防范的手段，可以起到稳定农户预期收益的效果，但稳定农业预期收益的措施不仅仅只有农业保险。通过投入量（Asche 和 Tveteras，1999；Kumbhakar 和 Tverter，2003；Tveteras，1999）控制产出风险水平也有相当大的余地，而劳动力和资本被发现会产生风险降低效应（Roll，2019）。这背后的原因是，劳动力投入将使监测作物生长、修理设备的能力和喂养时间增加，频繁的监测和控制将增加尽早发现潜在问题的可能性，如疾病、水质不良或技术问题等。资本设备，如水利工程、监控设备等，也被发现可以减少生产变异性（Asche 和 Tverteras，1999；Kumbhakar，2002）。农户有动机通过采取风险管理措施组合（DiFalco 和 Veronesi，2014）

来降低风险。一个理性的农户如果从其获得的预期效用高于没有从其获得的预期效用，就会采取一种措施（Birthal等，2022）。然而增加劳动力与资本投入的成本是昂贵的，相同的保障程度下，有补贴的保险将成为更好的选择。采用保险可能会因道德风险（徐斌和孙蓉，2016）激励农民减少防范风险的安全措施数量（Horowitz和Lichtenberg1993；Quiggin等，1993）。如果道德风险的负面影响过大，那么将会抵消农业保险损失补偿功能带来的正面作用（丁宇刚和孙祁祥，2021）。

除此之外，农业保险还存在政策挤出的可能。政策性农业保险作为金融工具，也作为国家支持"三农"发展的财政手段，无论从政策制定还是从农户采纳的角度，都必须放在整个农业金融支持体系框架下来进行决策（Glauber和Collins，2002），因此，政策替代是不得不考虑的。普通的农业金融政策，如农业贷款的服务对象更倾向规模化的新型经营主体和大项目，这些主体有更多的抵押资产与更高的征信，而我国农业保险具有"普惠"性质，政策制定上向小农户倾斜。相较之下前者促进农业投资的效果会更好，当农业保险挤占了其他农业金融政策资金时，就有可能对农业投资产生挤出作用。也有学者认为，农户将农业保险投入视为成本投入，对其他要素投入产生了挤出作用（袁辉和谭迪，2017）。

由此提出研究假设：

*H*3-1a：农业保险对风险中性要素投入和风险增进型农业投入具有正向影响。

*H*3-1b：农业保险对风险减少型农业投入具有负向影响。

二、农业保险与农业产出规模

基于以上农业保险对农业生产要素投入影响的理论分析，结合古典宏观经济增长理论可以预见，当农业保险促进农业生产要素投入增长时，将有利于促进农业总产出增长。农业保险增长、要素投入增长和农业产出之间存在如图 3-1 所示的逻辑联系。农业保险对不同要素的投入可能会有不同的影响方向,因此农业保险对农业总产出影响的最终效果理论上则无法预期。当农业保险对农业生产要素投入影响产生的产出增长效果大于产出减值效果时,则可能产生正向影响,反之则产生负向影响。

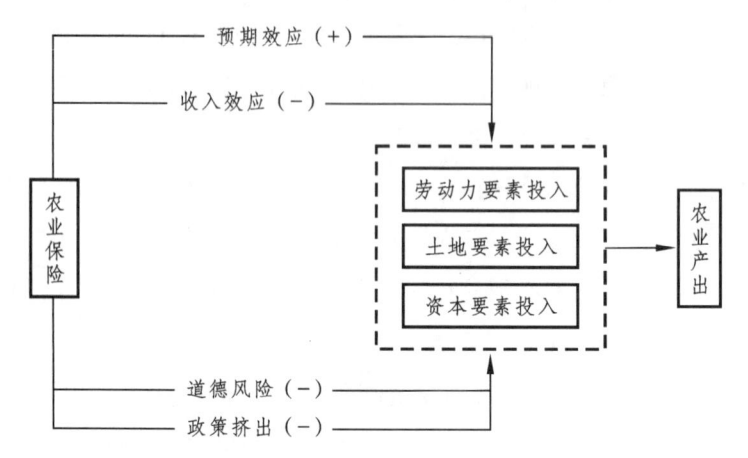

图 3-1　农业保险对农业产出影响路径

由此提出研究假设:

*H*3-2a:农业保险可能对农业总产出产生正向影响。

*H*3-2b:农业保险可能对农业总产出产生负向影响。

三、农业灾害风险预期的影响机制分析

基于预期效用理论,农业保险可以提升农户生产要素投入的预期效用,那么在农业灾害风险预期不同的情况下,这一影响效应是否相同呢?农业生产过程中存在着自然灾害损失、市场价格波动、技术环境改变等各种风险,农业风险灾害不仅会破坏性地减少当期产出和收入,其影响还是持续的,当1个生产周期结束后,理性生产者会根据生产历史和经验对新的生产周期进行预期和判断,从而实现新的生产均衡(赵亮等,2015),风险发生的概率和损失预期的大小依赖以往经验,农业风险灾害的发生具有较强的区域特征,因此一个地区的农户,其风险预期具有一定的一致性。根据

理性预期理论，假定一个地区的农户可以准确预测当地的风险灾害水平，即可以准确预测风险灾害发生的概率 P、灾害发生时的预期收入 W_1 以及灾害不发生时的收益 W_2，可以分两种情况来分析某地区农户风险预期的整体水平的高低，及其对农业生产要素配置影响的效果。

第一种情况，假定风险发生的概率为 P（图 3-2 中以 $P=50\%$ 为例）不变，不同地区风险发生的损失大小代表风险高低。图 3-2 中 O、A 点为没有农业保险时完全损失和部分损失的情况，分别代表风险较大的地区和风险较小的地区，B 代表有农业保险保障时的情况。0 为完全损失时的预期收益，W_1 为部分损失时的预期收益，W_2 为风险不发生情况下的预期收益，W^* 为购买了农业保险以后风险发生情况下的预期收益。令 ΔEU 为投保前后农户预期效用的改善程度，高风险地区农业保险对预期效用提升值为 $\Delta EU_0 = EU^* - EU_0$，低风险地区农业保险对预期效用提升值为 $\Delta EU_1 = EU^* - EU_1$，图中显然可见 $\Delta EU_0 > \Delta EU_1$。更一般地，根据风险厌恶型农户效用曲线的单调性可知，随着风险损失的增大，A 点将沿着效用曲线向原点滑动，农户投保前的预期效用会越来越低，在农业保险保障不变的情况下，ΔEU 会逐渐变大，即随着农业风险损失的不断增加，农业保险改善农户预期效用的作用会不断增强（钱振伟，2013）[①]。

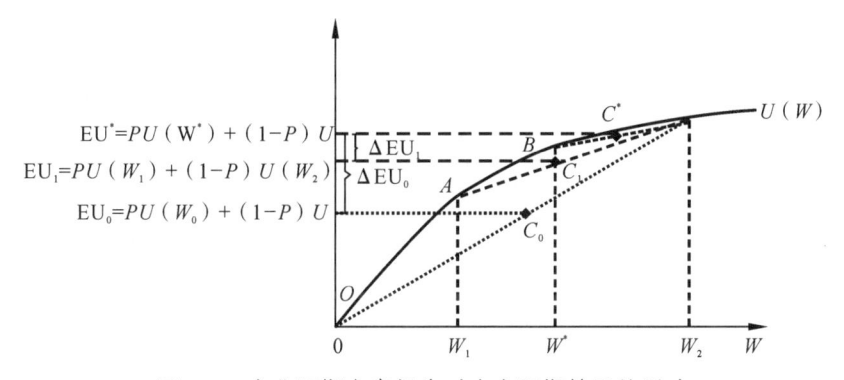

图 3-2 农业预期灾害损失对农户预期效用的影响

[①] 钱振伟. 农业保险发展理论与实践：基于对云南实践的跟踪调查[M]. 北京：中国金融出版社，2013.

第二种情况，假定当风险发生时的损失不变，但风险概率增强的情况。如图 3-3 所示：令 $P'>P$，未购买保险时，W_1 为风险发生时的农户的预期收益，W_2 为风险不发生时农户的预期收益；C_1 为风险概率为 P 时农户的预期效用，C_2 为风险概率为 P' 时农户的预期效用，由于 $P'>P$，显然 $C_2<C_1$，即风险发生概率更高时，农户的预期效用越低。再看购买农业保险以后，农户的预期效用改善情况，当风险发生的概率为 P 时，购买农业保险以前，农户投保前的预期效用为 EU_1，投保后的预期效用为 EU_1^*，农业保险投保形成的预期效用改善为 ΔEU_1；当风险发生的概率为 P' 时，农户投保前的预期效用为 EU_2，投保后的预期效用为 EU_2^*，农业保险投保形成的预期效用改善为 ΔEU_2，$\Delta EU_2>\Delta EU_1$。更一般地，根据线段的等比关系计算 $\Delta=\Delta EU_2-\Delta EU_1=(P'-P)[U(W^*)-U(W_1)]$，由于 W^* 大于 W_1，根据函数的单调性 $[U(W^*)-U(W_1)]>0$，假定风险损失不变，保障水平不变，所以确定不变的正值，因此当 $P'-P>0$ 时，Δ 为正值。推论的结果表明，风险发生概率大的地区，农业保险对农户预期效用改善的程度更大。

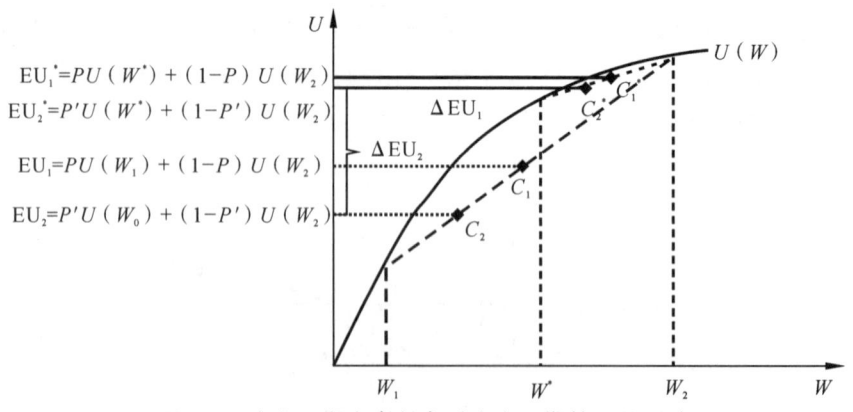

图 3-3　农业预期灾害频率对农户预期效用的影响

综合以上两种情况可知，无论是用风险概率来衡量，还是用风险损失来衡量，风险越高的地区，农业保险形成的预期效用改善的效果就会越好，对农业生产要素投入的激励作用就会越强，由此提出以下假设：

*H*3-3：灾害风险预期越高，农业保险改善农业生产要素投入的效果越好。

四、农业产业结构的影响机制分析

产业结构对农业保险产出效应的边际影响可以从两个方面来考虑：一是产业结构不同，会影响农业保险补贴政策的力度。贵州省农业保险更加倾向关乎国计民生的粮油产品和地方特色产业，贵州山地特色产业中中药材、精品果蔬、茶叶等大多属于种植业，因此种植业占比能够得到更多的保费政策支持。二是产业结构不同代表了要素配置结构不同，产业的生产效率不同。劳动力属于风险降低型要素，当农业保险对农业劳动力投入产生负面影响时，则可能促进劳均资本的提升，相比于林牧渔来说，种植业吸收的农业劳动力最多，其劳均资本较低，提升劳均资本所产生的边际报酬也最高。

农业保险对农业生产要素投入也具有一定的边际影响。从负面激励来看，产业结构不同意味着农业生产所面临的道德风险也不同。根据贵州农业保险的实践经验来看，由于保险标的的唯一性难以确认，单个保险标的的理赔价值较高，生产过程难以监管等原因，牧业保险中产生的道德风险要远高于种植业保险。由此可见，牧业占比高的地区将产生更大的道德风险，从而对要素投入产生更强的负向影响。

综上提出以下假设：

*H*3-4：种植业占比越高农业保险对农业产出增长的影响越大。

*H*3-5：牧业占比越高农业保险对农业生产要素投入的负向影响越大。

第二节 农业保险对农业产出增长影响的实证检验

一、实证设计

（一）数据来源与模型构建

1. 数据来源

本章使用 2007—2020 年贵州省县域面板数据，其中保险费用、已决赔款等农业保险相关数据来源于《贵州省农业保险月报》、贵州省财政厅、贵州省人民财产保险股份有限公司。第一产业增加值、农村就业人口、农作物播种面积、农业机械投入等农业数据和县域经济社会发展相关资料来源于《贵州统计年鉴》《中国县域统计年鉴》、贵州省各市州统计年鉴或年鉴。其中，数据停止发布或者早些年间不曾发布的变量以缺失值处理，在计算过程中按实际有数据的年份进行回归。在连续发布的数据中，有个别年份数据缺失的则采用线性插值法补齐，对所有绝对变量取对数以减缓异方差的影响，价格相关变量均进行消胀处理，本章实证主要使用软件为 stata SE16.0。

2. 模型构建

考虑农业生产的时间路径依赖性，参照陈俊聪、王怀明和张瑾（2016）的研究，构建动态面板 GMM 模型：

$$\ln Y_{it} = c_1 + \eta \ln Y_{it-1} + \alpha \ln X_{it-1} + \beta' \text{Contr}_{it} + v_{i1t} \tag{3-1}$$

式中，i 表示第 i 个县域单位；t 表示第 t 期。$\ln Y_{it}$ 为被解释变量，当考察农业保险对农业总产出增长的影响时，它代表第 i 个县（区）第 t 年农林牧渔业总产出水平 $\ln G_{it}$，当分产业检验不同险种的发展水平对各产业产出增长的影响时，$\ln Y_{i,t}$ 分别为种植业产出增长 $\ln G\_F_{it}$、牧业产出增长 $\ln G\_F_{it}$、林业产出增长 $\ln G\_L_{it}$ 和农林产出增长合计 $\ln G\_FL_{it}$，$\ln Y_{it-1}$ 为被解释变量滞后一期。$\ln X_{it-1}$ 为核心解释变量，当考察农业保险对农业总产出增长的影响时，它为代表第 i 个县（区）第 $t-1$ 年农业保险发展水平 $\ln I_{it-1}$，当分产业检验不同险种的发展水平对各产业产出增长的影响时，$\ln X_{i,t-1}$ 分别为种植业保险发展水平 $\ln I\_F_{it}$、牧业产出增长 $\ln I\_F_{it}$、林业产出增长 $\ln I\_L_{it}$ 和农林产出增长合计 $\ln I\_FL_{it}$。由于农业总产出与农业保险发展可能存在互为因果的内生性问题，所以使用了衡量指标的滞后一期作为核心解释变量，Contr_{it} 为控制变量，主要控制变量为农村居民收入水平 $\ln \text{Incom}_{it}$、农村就业人口状况 $\ln \text{Popul}_{it}$ 和城镇化率 Urban_{it}，而在稳健性检验和分产业检验时还使用

了农村金融环境 $\ln\text{Finan}_{it}$、地方财政水平 $\ln\text{Fisca}_{it}$ 以及农村信息化水平 $\ln\text{for}_{it}$ 等指标，$v_{i,t}$ 为扰动项。

（二）变量选取

1. 被解释变量

农业产出（G）：已有研究文献中农业产出的衡量指标主要有第一产业总产值和生产总值、农林牧渔总产值和农林牧渔增加值。第一产业仅包括农、林、牧、渔，不包括相关服务业。对于本书来说，当前农业保险的投保对象主要是农业生产者，农业服务业并不是农业保险承保对象，因此，选取第一产业更为合适，这与大多数农业保险相关文献选取对象一致。其中，总产值是按照最终产品产量与价格乘积合计的总指标，生产总值则减去了中间投入品的部分，扣除中间品更能体现农业自身的产出水平。然而，目前这一指标仅能获取 2013—2019 年的数据，国家统计局已经不再提供农业分产业增加值，因此本书选取农林牧渔业总产值合计（不包括服务业）作为主要衡量指标，以更好地满足数据时间结构的要求，同时采用第一产业增加值作为稳健性检验指标。相应的(小)农业产出 G_F 和牧业产出 G_A 用农业总产值和牧业总产值来表示，农业增加值和牧业增加值作为稳健性检验。需要注意的是，变量衡量指标的改变会同时改变数据的时间结构，尤其是对于牧业，由于贵州省牧业保险开始的时间比较早，采用牧业总产值时数据的时间结构为 2007—2020 年，当使用牧业增加值时则仅为 2013—2019 年。农业产出所选取的相应指标都是以当年价格计算的统计指标，为避免通货膨胀带来的影响，以农业生产资料价格指数来消胀，折算成 2007 年不变价总产值。

2. 核心解释变量

农业保险发展水平（I）：农业保险保费规模、农业保险深度、农业保险密度等通常用来衡量农业保险发展水平。其中，保费收入总规模是最直接的衡量指标，更符合本书总量研究的需要，作为主要解释变量。考虑农业保险发展与农业生产要素投入之间可能存在相互影响的关系，参考袁辉等（2017）和丁宇刚等（2021）使用滞后一期缓解这一因果关系可能造成的内生影响。按照产业的不同，相应地分为（小）农业保费收入 I_F 和牧业保费收入 I_A。

3. 控制变量

控制变量主要包括：①人力资源状况会直接影响农业劳动力生产要素的投入进而影响产出，而近年来人口老龄化和农村"空巢化"现象对农业劳动力供给产生了较大影响，选用乡村从业人员数（Popul）作为衡量指标。②城镇化率（Urban），使用城镇常住人口总人口比重来衡量。③农村居民收入（Incom），使用农村居民人均可支配收入来衡量；④金融环境（Finan），使用金融机构人民币各项贷款余额来衡量；⑤政府财政状况（Fisca），使用一般公共预算支出来衡量；⑥教育水平，使用政府财政预算中的教育支出水平 $Educa_1$ 和小学学龄女童入学率 $Educa_2$ 来衡量。

4. 交互变量

产业结构：农业生产主要分为农、林、牧、渔几个产业，贵州省主要以种植业和牧业为主，渔业和林业占比较少，种植业和牧业的生产状况对贵州省整体农业产业发展影响较大，本章分别以农业产值占比（RF）和牧业产值占比（RA）作为产业结构的衡量指标。其中，种植业产值占比=农业总产值[①]/农林牧渔业合计总产值；牧业产值占比=牧业总产值/农林牧渔业合计总产值。

变量指标说明如表3-1所示。

[①] 这里的农业总产值数据来源于中国统计年鉴，指农林牧渔中的"农"，代表种植业总产值；农林牧渔业总产值合计不包含服务业，下同。

表 3-1　变量指标说明

变量符号	变量名称	指标说明
$\ln G$	农业总产出	ln 第一产业增加值，不包括服务业
$\ln G\_F$	种植业总产出	ln 农业增加值
$\ln G\_A$	牧业总产出	ln 牧业增加值
$\ln G\_L$	林业总产出	ln 林业增加值
$\ln I$	农业保险发展水平	ln 全险种保费收入合计
$\ln I\_F$	种植业保险发展水平	ln 种植业保费收入
$\ln I\_A$	牧业保险发展水平	ln 牧业保费收入
$\ln I\_L$	林业保险发展水平	ln 林业保费收入
lnIncom	农村收入水平	ln 农村常住居民人均可支配收入
lnPopul	农村就业人口状况	ln 乡村从业人员数
Infor	农村信息化水平	ln 宽带村比率
Urban	城镇化率	城镇人口/常住人口
lnFinan	金融环境	ln 金融机构人民币各项贷款余额
lnFisca	地方财政水平	ln 一般公共预算支出
RA		种植业产值占比=农业总产值/农林牧渔业总产值合计
RF	农业产业结构	牧业产值占比=牧业总产值/农林牧渔业总产值合计
RL		林业产值占比=林业总产值/农林牧渔业总产值合计

二、实证检验结果分析

（一）描述性统计与相关性分析

本节所使用数据为 2007—2020 年贵州 72 县（区）域面板数据，$N>T$ 为短面板数据。2007 年起贵州省开始实施政策性农业保险，与之前的纯商业保险的发展模式具有较大差异。选取 2007 年以后的数据，主要是为了避免政策变化导致的数据时间结构带来的估计误差。主要变量的描述性统计结果如表 3-2 所示，被解释变量及其他绝对量数据取对数后的平均数和中位数比较接近，说明取对数后各变量方差较小，可以缓解异方差问题。核心解释变量保费规模最小值为 0，这是因为在政策性农业保险政策开始以前和刚开始实施的前几年,有些地区的农业保险市场已经完全萎缩直到停滞的状态;取对数后最大值为 26.04,最大值与最小值之间相差较大,说明 14 年间农业保险发展迅速,核心解释变量较大的极差表明数据变化的幅度较大,有利于验证实证结果。进一步分析面板数据的时间结构,核心解释变量与大部分的控制变量不存在缺失值,但是被解释变量却由于统计数据对外公布有限存在缺失的情况,用来核算 $\ln G$ 的第一产业增加值缺少 2007—2010 年毕节区和碧江区的数据;用来核算 $\ln G\_F$、$\ln G\_A$ 的农业增加值与牧业增加值数据仅获得 2013—2019 年的数据;用来核算控制变量 Infor 所使用的通宽带村数和村民委员会个数大部分地区仅获取了 2013—2020 年的数据,黔南仅获取了 2017—2020 年的数据。鉴于以上数据缺失情况,为最大限度地保留有效信息,实证检验中以模型可使用样本范围选择具体的数据时间结构。

表 3-2 变量描述统计

变量类型	变量指标	N	mean	min	p50	max	sd
被解释变量	$\ln G$	1 000	11.30	8.99	11.32	13.30	0.66
	$\ln G\_F$	504	11.05	9.08	11.11	12.96	0.66
	$\ln G\_A$	504	10.31	8.65	10.34	12.03	0.59
	$\ln G\_L$	360	9.51	6.80	9.54	11.30	0.75
解释变量	$\ln I$	1 008	11.91	0.00	14.71	24.83	6.04
	$\ln I\_F$	1 008	8.03	0.00	0.00	26.36	8.50
	$\ln I\_A$	1 008	10.67	0.00	12.68	25.88	6.71
	$\ln I\_L$	1 008	8.06	0.00	12.56	25.22	8.33
主要控制变量	lnIncom	1 008	8.48	7.41	8.59	9.36	0.46
	Urban	1 008	0.33	0.12	0.31	0.78	0.11
	lnFinan	1 008	3.50	0.05	3.55	6.32	1.05
稳健性检验及其他控制变量	lnFisca	1 008	2.72	0.53	2.80	4.51	0.70
	lnPopul	1 008	3.05	1.04	3.03	4.49	0.56
	Infor	304	0.86	0.08	0.97	2.00	0.31

主要变量的 Pearson 相关系数检验结果如表 3-3 所示。从表中可以看出，种植业、牧业产出增长与农业总产出增长的相关性非常高，达到了 0.95 以上，且在 1%水平下显著；林业与农业总产出增长的相关性也在 1%水平下显著，但是相关系数仅为 0.466，这可能与早些年林业占农业总产出增长比重较小有关。核心解释变量与被解释变量之间的相关性均在 1%水平下显著。主要控制变量与核心解释变量的相关性也十分显著，但仅有代表农村收入水平的 lnIncom 与部分模型核心解释变量相关系数较高。分别为与 lnI_F 的相关系数为 0.818，与 lnI_L 的相关系数为 0.796。为此以各模型的全部控制变量对核心解释变量进行多重共线性检验,所有控制变量的膨胀系数 VIF 值全部低于 10，表明不存在严重的多重共线性。且农村居民收入水平是影响农业生产要素投入的重要变量，对农业生产以及农业产出都具有重要的影响，相关研究中大多数学者都使用了这一控制变量，本书亦予以保留。

（二）基础回归结果分析

为检验农业保险对农业产出增长的影响，考虑农业产出滞后一期对当期的影响，构建系统广义差分 SYSGMM 模型作为基础回归模型，其原理类似于固定效应模型，只是在通过差分消除个体效应时，滞后期的差分项将与被解释变量差分项产生较强的内生性问题，进而进一步使用了工具变量法。SYSGMM 模型通常有一步回归（One-Step）和两步回归（Two-Step）法。两步法估计的权重矩阵依赖于估计参数且标准差存在向下偏倚，并没有带来多大的效率改善且估计量不可靠，尽管一步估计量的效率有所下降但它是一致的，因而在经验应用中人们通常使用一步 GMM 估计查看参数估计结果，并通过两步回归后的 Arellano-Bondtest 和稳健的 Hansentest 检验模型设定。本章借鉴这一做法，系数估计量主要汇报一步系统 GMM 估计结果。系统 SYSGMM 可以兼顾平行方程和差分方程，使信息更加全面。理论上，系统广义矩估计（System-GMM）利用了比一步差分广义矩估计（Difference-GMM）更多的信息，前者可以解决后者不能解决的内生性和弱

表 3-3 主要变量的相关性分析

变量	ln$G$	lnG_F	lnG_A	lnG_L	ln$I$	lnI_F	lnI_A	lnI_L	lnIncom	Urban
ln$G$	1									
lnG_F	0.976***	1								
lnG_A	0.958***	0.917***	1							
lnG_L	0.466***	0.332***	0.432***	1						
ln$I$	0.433***	0.343***	0.324***	0.137***	1					
lnI_F	0.522***	0.321***	0.217***	0.007 00	0.603***	1				
lnI_A	0.320***	0.215***	0.188***	0.185***	0.808***	0.532***	1			
lnI_L	0.525***	0.283***	0.253***	0.177***	0.620***	0.906***	0.538***	1		
lnIncom	0.514***	0.258***	0.103***	−0.137***	0.466***	0.818***	0.354***	0.796***	1	
Urban	0.328***	0.131***	0.0340	−0.261***	0.325***	0.554***	0.293***	0.519***	0.716***	1
lnFinan	0.716***	0.665***	0.610***	0.136***	0.439***	0.676***	0.362***	0.659***	0.807***	0.749***
lnFisca	0.791***	0.800***	0.792***	0.371***	0.403***	0.625***	0.287***	0.627***	0.781***	0.512***
lnPopul	0.745***	0.784***	0.844***	0.377***	0.104***	−0.014 0	0.055*	0.017 0	−0.009 00	−0.082***
Infor	−0.031 0	−0.006 00	−0.119*	−0.159***	0.304***	0.503***	0.409***	0.417***	0.570***	0.422***

注：*、**、***分别表示在 10%、5%、1%水平下显著。

工具变量问题，因而前者比后者的估计结果更有效。Blundelland Bond 利用蒙特卡罗模拟实验也证实，在有限样本下，系统 GMM 比差分 GMM 估计的偏差更小，效率也有所改进。

除了基础回归模型外，本章还以混合 OLS 回归和双效固定效应回归模型 FE 的检验结果作为比较，基础控制变量为农村就业人口状况 lnPopul、城镇化率 Urban 和教育发展状况 Educa，这是目前影响农业整体发展水平的主要因素。受变量数据的可获得性的影响，数据的时间结构为 2010—2020 年，由于核心解释变量使用了滞后一期，因此实际使用了农业保险保费收入 2009—2019 年的数据。选择这一时间段对于实证结果来说，也具有一定优势。尽管贵州省政策性农业保险整体上是从 2007 年开始的，但是 2007—2008 年很多业务实际都处于筹备阶段，且农业保险发挥效果以及政策传达等都有一定的时滞性，2009 以后农业保险发展的外部环境更加稳定，以避免太多不可控因素的干扰，将样本扩展到 2007 年的数据将在后面的稳健性分析中进行。回归结果如表 3-4 所示，表中第[1]列是混合 OLS 回归结果，核心解释变量 $L.\ln I$ 的系数为 0.035，在 1%水平下显著；表中第[2]列是固定效应检验结果，除了控制变量外，进一步控制了个体效应，以消除可能存在的不随个体变化的遗漏解释变量的影响，核心解释变量 $L.\ln I$ 的系数为 0.015，同样在 1%水平下显著；表中第[3]列是动态面板 GMM 模型，核心解释变量 $L.\ln I$ 的系数为 0.032，依然在 1%水平下显著。3 个模型的回归结果都显著为正，且回归系数的大小比较接近，初步表明农业保险对农业总产出增长的正向影响。

表 3-4 农业保险对农业总产出的实证结果分析

变量	OLS [1] $\ln G$	FE [2] $\ln G$	GMM [3] $\ln G$
$L.\ln G$			0.387*** [0.066]

续表

变量	OLS [1] ln$G$	FE [2] ln$G$	GMM [3] ln$G$
$L.\ln I$	**0.035*****	**0.015*****	**0.032*****
	[0.002]	[0.002]	[0.004]
lnPopul	0.846***	0.414***	0.697***
	[0.020]	[0.145]	[0.143]
Urban	1.111***	4.090***	0.389
	[0.112]	[0.357]	[0.528]
Educa	0.001	0.000	0.016
	[0.001]	[0.001]	[0.011]
_cons	7.983***	8.567***	2.819*
	[0.141]	[0.497]	[1.535]
个体效应		Y	Y
N	790	790	788
R-sq	0.779	0.765	
adj.R-sq	0.778	0.764	
AR（2）			−0.72（0.47）
Hansentest			2.49（0.99）

注：方括号内为稳健的标准误，*、**、***分别表示在10%、5%、1%水平下显著，圆括号中为P值，下同。

(三) 稳健性检验

为了进一步检验基础模型回归结果的可靠性，进行稳健性分析（见表3-5）。首先是改变控制变量，考查无控制变量和增加控制变量两种情况下，回归结果是否会出现较大差异，所增加控制变量包括可能影响农业投入的金融机构人民币各项贷款余额 lnFinan、农村常住居民人均可支配收入 lnIncom 和一般公共预算支出 lnFisca。其次是改变数据的时间结构，将时间延伸到 2007—2020 年和将时间缩短到 2012—2020。第[1]列回归结果中，核心解释变量的系数为 0.024，在 1%水平下显著；第[2]列回归结果中，核心解释变量的系数为 0.020，在 5%水平下显著，且回归系数依然与基础模型接近，可见无论是增加控制变量还是减少控制变量，农业保险的正向产出增长效用并无太大影响，本章在研究中还进行了其他多种增减控制变量的情况，结果依然显著为正。第[3]列所代表的模型中，由于 Educa 的衡量指标"小学学龄女童入学率"2007—2009 年的数据缺失，为了能将数据的时间结构扩展到 2007 年，将教育水平衡量指标替换为"一般公共预算_教育支出"，表示为"lnEduca"，回归结果中核心解释变量的系数为 0.015，在 1%水平下显著；第[4]列回归结果中，核心解释变量的系数为 0.031，依然在 1%水平下显著，表明时间结构缩短到 2012—2020 年后，农业保险对农业总产出增长依然表现出正向的影响。检验结果一致表明基础回归模型结果具有较强的稳健性。

表 3-5　稳健性检验[①]

变量	无控制变量 [1] $\ln G$	增加控制变量 [2] $\ln G$	2007—2020 年 [4] $\ln G$	2012—2020 年 [3] $\ln G$
$L.\ln G$	0.630***	0.254***	0.471***	0.381***
	[0.018]	[0.086]	[0.041]	[0.060]
$L.\ln I$	**0.024*** **	**0.020** **	**0.015*** **	**0.031*** **
	[0.002]	**[0.008]**	**[0.002]**	**[0.005]**
lnPopul		-0.2	0.383***	0.809***
		[0.344]	[0.095]	[0.189]
Urban		-6.542***	-0.012	0.318
		[2.435]	[0.281]	[0.574]

[①] 稳健性分析中，与基础模型一致皆加入控制变量、个体效应、常数项，为了简洁性没有展示相关具体数据，下同。

续表

变量	无控制变量 [1] ln$G$	增加控制变量 [2] ln$G$	2007—2020年 [4] ln$G$	2012—2020年 [3] ln$G$
Educa/lnEduca		0.022	0.347***	0.021
		[0.023]	[0.036]	[0.015]
lnIncom		-0.563		
		[0.420]		
lnFinan		0.818**		
		[0.364]		
lnFisca		0.547		
		[0.366]		
_cons	3.990***	9.179	4.217***	2.078
	[0.191]	[5.657]	[0.494]	[1.904]
N	788	788	928	648
AR（2）	0.82（0.412）	1.67（0.094）	-2.30（0.022）	-0.28（0.782）
Hansentest	0.26（1.000）	12.75（0.310）	1.32（1.000）	2.21（0.988）

（四）产业结构的异质分析

1. 产业结构的调节效应检验

前文检验了农业保险对农业总产出的影响，结果表明，农业保险对农业产出增长总体上具有显著的正向影响。但是由于农业产业结构复杂，种植业与养殖业面临的风险决然不同。在生产过程中，种植业主要面临气候风险、虫害风险等，而养殖业主要面临火灾、传染病等。种植业与养殖业的农业保险政策也不完全相同，保费补贴标准与险种重视程度具有差异，那么很自然地容易想到的问题就是，如果一个地区产业结构不同，那么农业保险的作用效果是否相同呢？为此以农业产业机构为调节变量，检验产业结构对农业保险产出总效应的边际影响。农业产业结构的衡量指标为种植业产值占比 RF，牧业产值占比 RA 和林业产值占比 LA，产业结构指标与农业保险生成交乘项 RF#l.ln$I$、RA#l.ln$I$、RL#l.ln$I$，分别代入原基础模型得到以下检验结果（见表 3-6）。

表 3-6　产业结构对农业保险总产出效应的调节作用

变量	[1] ln$G$	[2] ln$G$	[3] ln$G$
L.ln$G$	0.034	0.015	0.353***
	[0.122]	[0.063]	[0.085]
L.ln$I$	−0.180**	0.060**	0.053***
	[0.076]	[0.025]	[0.012]
c.RF#c.L.ln$I$	**0.389***		
	[0.142]		
RF	−2.696		
	[2.017]		
c.RA#c.L.ln$I$		−0.103	
		[0.067]	
RA		−1.739*	
		[0.978]	
c.RL#c.L.ln$I$			−0.277*
			[0.154]
RL			4.038*
			[2.116]
控制变量与常数项	Y	Y	Y
N	788	788	788
AR（2）	0.04（0.965）	−0.48（0.628）	−0.22（0.822）
Hansentest	7.95（0.718）	6.54（0.835）	4.86（0.938）

表中第[1]列显示了种植业产值占比对农业保险总产出效应影响的回归

检验结果，交互项 c.RF#c.1.ln$I$ 的系数为 0.389，在 1%水平下显著，表明随着种植业产值占比的提高，农业保险对农业总产出增长的正向影响得到加强，说明种植业生产过程中，农业保险对农业产出增长产生的正向影响效应要大于其他产业。第[2]列显示了牧业产值占比对农业保险总产出效应影响的回归检验结果，交互项 c.RA#c.1.ln$I$ 的系数为-0.103，并不显著。第[3]列显示了林业产值占比对农业保险总产出效应影响的回归检验结果，交互项 c.RL#c.1.ln$I$ 的系数为-0.277，在 10%的水平下显著，表明林业占比高对农业保险对总产出增长的正向影响会受到一定的抑制，这说明是农业保险对农业产出增长的正向影响会受到抑制，可能与林业产业的特征有关：贵州省森林覆盖率高，但大部分林业的生产周期极长，产值稳定，公益林等更无法产生经济价值，对农业总产出增长的贡献极小。因此即便农业保险对林业生产面积有显著正向影响，也有可能并不能使地区的总产出下降，更有可能因为产业结构向非经济产业调整而导致总产出下降，或其总产出增长的贡献不如其他产业。对比以上实证结果可以看出，不同产业结构占比下，农业保险对农业总产出的增长效应会有所不同。其中种植业占比提高正向加强农业保险的总产出增长效应，而林业占比负向抑制农业保险的总产出增长效应，牧业保险则对农业保险总产出增长效应没有表现出显著的边际影响。这种差异的原因可以归结为两个方面：① 各险种对各产业发展的影响效果不同；② 各产业发展对总产出增长的影响效果不同。

2. 分产业讨论

产业结构的调节效应显著，表明农业保险对不同产业的作用效果可能有差异，但这种差异具体是来源于作用方向不同还是因为作用大小不同，还有待进一步考查，因此可以通过分产业检验来进一步确认。从贵州产业结构的实际情况来看，贵州省种植业占比与牧业占比之和达到了 90%以上，是贵州农业产业发展的重要内容，因此分别讨论种植业保险对种植业产出的影响及牧业保险对牧业产出的影响。

表 3-7 是种植业保险对种植业产出影响的实证结果，第[1]列为基础回归结果，其中，核心解释 L.ln*I_F* 的系数为 0.005，在 5%的水平下显著，表明种植业保险对种植业总产出具有显著的正向影响，第[2]列、第[3]列为使用不同模型估计时的结果，当使用混合的最小二乘法 OLS 直接回归时，核心解释变量 *L.lnI_F* 的系数为 0.024，在 1%的水平下显著，当使用固定效应模型时，核心解释变量 *L.lnI_F* 的系数为 0.012，也在 1%的水平下显著。回归系数值更大且显著性更高，初步表明基础回归模型结果的稳健性。第[4]列为去掉部分控制变量的稳健性检验，去掉的控制变量为代表农村人口收入水平的 lnPopul 和代表县域人口受教育水平的 Educa。此时，核心解释变量 *L.lnI_F* 的系数为 0.007，在 10%的水平下依然显著，进一步表明原基础模型回归结果的稳健性。

表 3-7 种植业保险对种植业总产出的影响

变量	基础回归 GMM [1] ln*G_F*	OLS [2] ln*G_F*	FE [3] ln*G_F*	减少控制变量 [4] ln*G_F*	异质性检验 [5] ln*G_F*
*L.*ln*G_F*	0.397***			0.305*	0.514***
	[0.138]			[0.184]	[0.143]
*L.*ln*I_F*	**0.005****	**0.024****	**0.012****	**0.007***	**0.412***
	[0.002]	**[0.003]**	**[0.001]**	**[0.004]**	**[0.237]**
RL#*L.*ln*I_F*					**−0.708***
					[0.410]
RL					**9.375**
					[5.946]
lnPopul	0.105	0.977***	-0.134**		0.691**
	[0.252]	[0.029]	[0.065]		[0.269]
Urban	2.550**	0.724***	3.645***	2.292**	2.074*
	[1.238]	[0.142]	[0.251]	[1.089]	[1.146]

续表

变量	基础回归 GMM [1] lnG_F	OLS [2] lnG_F	FE [3] lnG_F	减少控制变量 [4] lnG_F	异质性检验 [5] lnG_F
Educa	−0.015	0.002	−0.001		−0.029
	[0.013]	[0.001]	[0.001]		[0.025]
_cons	6.850***	7.417***	10.083***	6.826***	−0.092
	[1.288]	[0.186]	[0.276]	[1.587]	[3.610]
N	432	432	432	432	376
R-sq		0.768	0.807		
adj.R-sq		0.765	0.806		
AR（2）	−0.87（0.382）			−1.03（0.301）	−0.64（0.523）
Hansentest	5.43（0.365）			4.67（0.458）	10.53[0.062]

考虑到各级政府对粮食作物与经济作物的补贴政策和支持力度并不相同，因此，一个地区的粮食作物占比就很可能对农业保险的实施效果产生影响。将粮食作物播种面积占比 RL 与核心解释变量 $L.\ln I\_F$ 的交乘项 RL#$L.\ln I\_F$ 代入原基础模型中，回归结果见第[5]列，交乘项的回归系数为 −0.708，在10%的水平下显著。这表明随着粮食作物种植面积的上升，种植业保险对种植业产出的增长效应会降低，粮食作物占比的提高抑制了种植业保险对种植业产出增长的正向促进作用。这一实证结果也证明了理论中所分析的经济作物带来的产业增长效应。

表 3-8 是牧业保险对牧业产出影响的实证结果，在研究牧业保险对牧业经济增长的影响时，考虑到牧业和种植业的区别，在总产出模型的基础上添加了几个比较重要的控制变量：① 猪瘟 ZW。虚拟变量 0-1，2017 年以后取值为 1。在我们的研究时间段里，猪瘟于 2017 进入贵州，这对贵州的生猪养殖产业造成了重大影响，而生猪是贵州牧业的主要产业之一。② 农村居民收入水平。一般来说，普通的牧业生产初期投入比种植业要高，随

着农民的收入水平提高，农户更有进行牧业养殖的可能。③金融环境。④财政环境。可见牧业产出的增长离不开资金的支持，也与农村居民的收入水平相关。

表3-8 牧业保险对牧业总产出的影响

变量	基础回归 [1] $L.\ln G\_A$	2007—2019 [2] $L.\ln G\_A1$	减少控制变量 [3] $L.\ln G\_A$
$L.\ln G\_A/L.\ln G\_A1$	−3.262***	−0.207*	−1.934***
	[1.138]	[0.112]	[0.716]
$L.\ln I\_A$	**0.095****	**0.021****	**0.057***
	[0.047]	**[0.006]**	**[0.031]**
lnPopul	−1.179	2.363***	
	[1.759]	[0.460]	
Urban	−36.003***	6.906***	−23.986**
	[13.632]	[2.333]	[10.020]
Educa/lnEduca	0.068	−1.933***	−0.012
	[0.095]	[0.467]	[0.042]
lnFinan	7.021***	−1.516***	4.911***
	[2.055]	[0.331]	[1.560]
lnFisca	−1.151	1.529***	−1.206
	[2.509]	[0.525]	[1.222]
lnIncom	−1.977	2.168***	−1.494
	[2.661]	[0.550]	[1.048]
ZW	−0.364	0.147**	
	[0.268]	[0.059]	
_cons	45.814**	−23.097***	36.690***
	[22.622]	[4.712]	[9.385]
N	432	936	432
AR（2）	0.51（0.610）	3.05（0.002）	2.04（0.042）
Hansentest	2.45（0.784）	6.70（0.877）	5.42（0.367）

表中第[1]列为基础回归，核心解释变量 L.lnI_A 的系数为 0.095，在 5% 的水平下显著，表明牧业保险对牧业产出增长具有正向的显著作用。由于牧业保险是贵州省发展时间最长的农业保险险种，为了考察更加全面，将数据扩展至政策性农业保险开始实施的 2007 年。鉴于数据的可获得性，将牧业产出衡量指标换成农林牧渔产值合计（不包含服务业），将教育水平衡量指标替换为"一般公共预算_教育支出"，表示为"lnEduca"，回归结果见表第[2]列，核心解释变量 L.lnI_A 的系数为 0.021，在 1% 的水平下显著，相比基础回归系数值有所下降，但是显著性更高。为了进一步验证基础回归结果的稳健性，减少控制变量个数进行回归。减少的控制变量包括猪瘟 ZW、农村从业人口 lnPopul。这两个变量在基础回归中并不显著，其中牧业吸纳农业从业人员的能力较弱，农村从业人口对牧业的影响没有种植业那么重要，回归结果见表第[3]列，核心解释变量 L.lnI_A 的系数为 0.057，在 10% 的水平下显著，相较于基础回归模型，回归系数比较接近，但显著性较低。总体来看，牧业保险对牧业总产出增长的影响显著为正，且结论具有比较强的稳健性。

第三节　农业保险对农业投入影响的实证检验

上一节的实证检验结果表明，农业保险对农业总产出具有显著的正向影响，农业保险表现出的农业总产出增长效应很可能来源于农业保险对农户生产要素投入决策的影响。那么贵州省农业保险对农业生产要素投入是否产生显著的效应，对不同要素的影响是否相同，且是否受产业结构的影响。理论上来看，农业保险可以改善农业生产的预期效用，这将正向激励农户加大要素投入。但是当农户的风险预期不同时，预期效用改善的程度会有较大差异。随着农户风险预期的增大，农业保险对预期效用改善的效果增大，农业保险对农业生产要素投入的正向激励效果是否会随之增大呢？这些问题是本节主要考察的内容。

一、实证设计

(一) 数据来源与模型构建

本节所使用数据来源与上一节相同。考虑农业生产时间路径的依赖性,参照陈俊聪、王怀明和张瑾(2016)的研究,构建动态面板 GMM 模型:

$$\ln \text{Labou}_{it} = c_1 + \eta_1 \ln \text{Labou}_{it-1} + \alpha_1 \ln I_{it-1} + \beta_1' \text{Contr1}_{it} + v_{i1t} \quad (3\text{-}2)$$

$$\ln \text{Ferti}_{it} = c_2 + \eta_2 \ln \text{Ferti}_{it-1} + \alpha_2 \ln I\_F_{it-1} + \beta_2' \text{Contr2}_{it} + v_{i2t} \quad (3\text{-}3)$$

式中,i 表示第 i 个县域单位;t 表示第 t 期。式(3-2)中农业劳动力投入 $\ln \text{Labou}_{it}$ 为被解释变量,农业保险发展水平 $\ln I_{it-1}$ 为解释变量,$\ln \text{Labou}_{it-1}$ 为被解释变量滞后一期。Contr1_{it} 为控制变量,在基础回归中包括乡村从业人员状况 lnPopul、农村居民收入水平 lnIncom、地方财政水平 lnFisca、城镇化率 Urban。而在稳健性检验和分产业检验时还使用了农村金融环境 $\ln \text{Finan}_{it}$ 和代表教育水平 Educa 的小学学龄女童入学率。式(3-3)农业化肥施用量 $\ln \text{Ferti}_{it}$ 为被解释变量,种植业保险发展水平 $\ln I\_F_{it-1}$ 为解释变量,$\ln \text{Ferti}_{it-1}$ 为被解释变量滞后一期,Contr2_{it} 为控制变量,在基础回归中包括地方财政水平 lnFisca 和农村信息化水平 infor。而在稳健性检验中还使用了乡村从业人员状况 lnPopul、农村居民收入水平 lnIncom 和代表教育水平 Educa 的小学学龄女童入学率。由于农业投入与农业保险发展可能存在互为因果的内生性问题,因此使用了衡量指标的滞后一期作为核心解释变量,$v_{i,t}$ 为扰动项。

(二) 变量选取

1. 被解释变量

劳动力要素投入(Labou):农业劳动力投入常用指标为第一产业从业人员数、农业从业人员数等。由于缺乏相应县级统计资料,这里使用乡村从业人员中农业从业人员数，相比较而言缺少城镇农业从业人员的统计。农业从业人员数中包含了农村农业服务业从业人员数，然而在我国，农业生产主要在农村，因此农村农业从业人员规模壮大对农业生产整体具有决定性的作用。可见，选用农村从业人员中农业从业人员这一指标具有较好的代表性。

中间投入品：农用化肥投入（Ferti），是现代种植业生产中最为重要的投入品之一，对种植业增产增收具有决定性的影响，使用农用化肥施用量折纯量来衡量。

2. 核心解释变量

农业保险发展水平（I）：农业保险保费规模，依然使用农业保险保费规模，按照产业的不同，相应地分为（小）农业保费收入 I_F 和牧业保费收入 I_A。

3. 控制变量

控制变量主要包括：①农村从业人员状况，选用乡村从业人员数（Popul）作为衡量指标。②城镇化率（Urban），使用城镇常住人口总人口比重来衡量。③农村居民收入（Incom），使用农村居民人均可支配收入来衡量。④金融环境（Finan），使用金融机构人民币各项贷款余额来衡量。⑤政府财政状况（Fisca），使用一般公共预算支出来衡量。⑥教育水平（Educa），使用政府财政预算中的教育支出和小学学龄女童入学率来衡量。⑦农村信息化水平（infor），使用永宽带村比率（=通宽带村数/村民委员会个数）来表示。

4. 交互变量

（1）产业结构：依然将农业产值占比（RF）和牧业产值占比（RA）作为产业结构的衡量指标。

（2）农户风险灾害预期（Disas）：本章将进一步检验农户的风险灾害预

期对农业保险的实施效果的影响。根据不同的风险预期理论分别选取与核心解释变量同期和与核心解释变量滞后期同期的风险灾害程度作为预期风险衡量指标,指标选取依据详见机制检验部分。对农业灾害程度的衡量,已有文献大多使用受灾面积、成灾面积与农业保险赔付率来衡量。受灾面积与成灾面积仅能代表种植业风险灾害,无法体现牧业、渔业的风险情况,因此本章使用赔付率作为风险灾害承担的衡量指标。

变量指标说明如表 3-9 所示。

表 3-9　变量指标说明

变量符号	变量名称	指标说明
Labou	劳动力要素投入	ln 第一产业增加值,不包括服务业
Ferti	中间投入品	ln 农业增加值
ln$I$	农业保险发展水平	ln 全险种保费收入合计
lnI_F	种植业保险发展水平	ln 种植业保费收入
lnIncom	农村收入水平	ln 农村常住居民人均可支配收入
lnPopul	农村就业人口状况	ln 乡村从业人员数
Infor	农村信息化水平	宽带村比率=通宽带村数/村民委员会个数
Urban	城镇化率	城镇人口/常住人口
lnFinan	金融环境	ln 金融机构人民币各项贷款余额
lnFisca	地方财政水平	ln 一般公共预算支出
Disas_F	种植业农业风险	种植业农业保险赔付率=种植业已决赔款/种植业保费收入
RA	农业产业结构	种植业产值占比=农业总产值/农林牧渔业总产值合计[①]
RF		牧业产值占比=牧业总产值/农林牧渔业总产值合计

---

① 这里的农业总产值数据来源于中国统计年鉴,指农林牧渔中的"农",代表种植业总产值;农林牧渔业总产值合计不包含服务业,下同。

二、实证结果分析

（一）农业保险对农业劳动力要素投入的影响分析

农业各产业生产方式差异较大，所使用的生产要素大多不同。比如种植业生产比较依赖土地，中间要素包括化肥、农药等，牧业比较依赖饲料、养殖用圈舍，现代化规模化养殖更是需要配套的水电和投喂、监控设施等。但是无论哪个产业都需要劳动力的投入，因此，考察农业保险对劳动力要素投入时，要使用全险种作为研究对象。根据理论分析农业保险对农业生产要素投入的影响效果与要素本身的风险属性有关，如果要素为风险减少型要素，则可能会因为与农业保险之间存在一定的替代关系，从而使要素投入减少。劳动力要素具备风险减少型要素的特征，那么农业保险是否对农业劳动力投入具有负向影响，这里依然通过构建动态面板回归模型进行实证检验。回归结果如表 3-10 所示。

表中第[1]列显示了农业保险对农业劳动力要素投入影响的基础回归，核心解释变量 $L.lnI$ 的系数为-0.037，在 10%的水平下显著，表明在控制了农村就业人口状况、农村居民收入水平、地方财政状况和城镇化率后，农业保险对农业劳动力要素的总投入增长具有负向影响。第[2]列是通过增加控制的方法做出的稳健性检验的结果，增加的控制变量为农村金融环境和地方教育水平。回归结果显示，核心解释变量 $L.lnI$ 的系数为-0.138，在 5%的水平下显著，负向影响值和显著性水平均有所提升。表明农业保险对农业劳动力要素投入影响的基础回归结果具有一定的稳定性，农业保险对农业总产出的负向影响表明了道德风险、挤出效应等负向激励存在的可能，如果农业保险对农业劳动力要素投入还具有正向激励，则正向激励的投入增长效应小于负向激励，假设 H3-1a 得到验证。

进一步考察产业结构的差异是否对农业保险的劳动力要素投入促进效应造成影响，将种植业产值占比 RF 和牧业产值占比 RA 分别与核心解释变量交乘并代入原基础模型，第[3]列显示了交互项 c.RF#cL.lnI 的系数为

0.108，并不显著；而第[4]列显示交互项 c.RA#cL.ln$I$ 的系数为-0.474，在10%的水平下负向显著。这表明牧业占比高将加剧农业保险对农业劳动力要素投入的负向影响。这一现象可能归因于牧业保险道德风险更高，负向激励作用更大。结合贵州省农业保险实施情况的调查和对行业专家的咨询，牧业保险实施中的道德风险更高是具有现实依据的。与种植业保险不同，牧业保险的保险标的在保前和保后的一致性难以保证。种植业保险可在卫星地图中进行勾图以保证承保和理赔标的一致，而对于养殖业保险，一方面因畜牧业传染病防控要求难以做到现场足额验标；另一方面电子耳标、项圈、AI 点数等科技手段在贵州省农业保险实施中并没有全面应用，谎报虚报，以致承保外标的弄虚作假的情况难以避免。

表 3-10　农业保险对农业劳动力投入的影响

变量	基础回归 [1] lnLabou	稳健性检验 [2] lnLabou	异质性检验 [3] lnLabou	异质性检验 [4] lnLabou
L.lnLabou	2.994	0.009	2.834	2.56
	[1.894]	[3.114]	[1.918]	[1.739]
L.ln$I$	**-0.037***	**-0.138****	-0.103	0.121
	[0.021]	**[0.062]**	[0.248]	[0.099]
RF			0.109	
			[4.706]	
c.RF#cL.lnI			**0.108**	
			[0.451]	
RA				5.371*
				[2.896]
c.RA#cL.lnI				**-0.474***
				[0.273]

续表

变量	基础回归 [1] lnLabou	稳健性检验 [2] lnLabou	异质性检验 [3] lnLabou	[4] lnLabou
lnPopul	-1.594	-1.856	-1.456	-1.129
	[1.742]	[2.274]	[1.709]	[1.534]
lnIncom	3.204*	0.694	3.038	3.106*
	[1.847]	[2.173]	[1.941]	[1.801]
lnFisca	-3.398**	-5.148**	-3.315**	-3.356**
	[1.458]	[2.073]	[1.523]	[1.436]
Urban	16.799**	-20.946	16.220**	15.482**
	[6.659]	[24.151]	[6.836]	[6.466]
lnFinan		6.689*		
		[3.753]		
Educa		-0.155*		
		[0.089]		
_cons	-22.566	16.286	-21.296	-23.636*
	[14.026]	[23.746]	[15.744]	[13.475]
N	771	627	771	771
AR（2）	1.87（0.062）	1.74（0.082）	0.93（0.351）	-1.10（0.271）
Hansentest	1.89（0.999）	2.41（0.992）	1.59（0.999）	1.69（0.999）

（二）农业保险对农业中间投入品要素的影响

上文通过实证检验了农业保险对农业劳动力要素投入具有显著的负向影响，证明了道德风险、挤出效应等存在的可能。那么农业保险对农业生产要素的正向激励效果是否存在呢？由理论分析可知，农业保险对于风险中性的投入要素可能会更容易表现出正向影响（没有替代效应的干扰）。因此选取种植业生产中常用的中间投入品化肥作为考察对象。化肥是现代农业增产增收的主要原因之一，是农业化学技术进步的重要代表。这里需要指出的是，尽管都是农业化学投入品，且作为正常投入，算在生产成本中，一旦遭遇风险造成损失，会根据保险协议予以赔付。但化肥与农药的风险属性以及与农业保险的替代关系却并不相同，农药是农业病虫害风险的重要管理手段，而农业保险通常也会承保因病虫害等产生灾害损失。因此，两者之间可以存在一定的替代关系。而化肥的施用则取决于土地肥力、增产技术要求等相对确定的因素，并不是为了应对风险，没有遭遇任何风险，单纯是因为不施用化肥而导致的产量不足等损失，保险公司并不负责赔付，因此两者之间的替代关系不显著。可见，农业保险对农业化肥要素投入的影响将更多地表现为正向激励。为此，以农用化肥施用量折纯量为被解释变量衡量指标，种植业保费收入水平作为解释变量衡量指标进行实证检验，回归结果如表3-11所示。

表 3-11 农业保险对化肥使用量的影响

变量	基础回归 [1] lnFerti	替换模型 FE [2] lnFerti	增加控制变量 [3] lnFerti
$L.\text{lnFerti}$	0.958***		0.784***
	[0.041]		[0.171]
$L.\text{ln}I\_F$	0.002*	0.004*	0.004**
	[0.001]	[0.002]	[0.002]
lnFisca	0.088	−0.162*	−0.121
	[0.124]	[0.089]	[0.171]
infor	−0.262***	−0.278***	−0.366***
	[0.064]	[0.063]	[0.123]
lnPopul			0.389
			[0.317]

续表

变量	基础回归 [1] lnFerti	替换模型 FE [2] lnFerti	增加控制变量 [3] lnFerti
lnIncom			0.212
			[0.190]
Educa			0.029
			[0.019]
_cons	0.268	9.809***	-3.416
	[0.530]	[0.264]	[2.207]
N	274	304	274
R-sq		0.259	
adj.R-sq		0.252	
AR（2）	-0.58（0.563）		0.51（0.613）
Hansentest	13.75（0.033）		11.03（0.088）

注：方括号内为稳健的标准误，*、**、***分别表示在 10%、5%、1% 的水平下显著，下同。

表中第[1]为基础回归，核心解释变量 $L.\ln I\_F$ 的系数为 0.002，在 10% 的水平下显著，表明在控制了地方财政状况 lnFisca 和农村信息化程度 infor 后，农业保险对农业化肥要素投入具有正向影响效应。表中第[2]、[3]列为稳健性检验，第[2]列是将模型替换为个体固定化效应模型，核心解释变量 $L.\ln I\_F$ 的系数变为 0.004，依然在 10%的水平下显著；第[3]列是通过增加控制变量来检验的，增加的控制变量包括农村就业人口状况 lnPopul、农村居民收入水平 lnIncom 和地方教育状况 Educa，核心解释变量 $L.\ln I\_F$ 的系数变为 0.004，依然在 5%的水平下显著。稳健性检验结果表明农业保险对农业化肥要素投入具有正向影响的结果具有一定可靠性，假设 H3-1a 得到验证。

第三章 农业保险对农业投入产出的影响研究

（三）风险灾害预期的影响机制检验

一个地区的农户投保时农业风险预期越高，农业保险起到的正向激励效果是否越好？这里将根据不同的预期理论设定不同的风险预期水平衡量指标，以农业保险对农业化肥要素投入的正向影响的模型为基础，进行进一步检验。

经济学中，关于探讨人们如何对未来进行判断的预期问题，产生了多种理论，包括静态预期、外推预期、适应性预期与理性预期模型。静态预期认为人们会完全按照现实已经发生的来对未来情况进行预测，典型的例子是"蛛网模型"中，人们对于农产品未来价格的预期，未来价格等于已经发生的市场价格，即 $P_t^e = P_{t-1}$。外推预期则认为，人们不仅按照当前价格对未来价格进行预期，还会根据当前和相对上一期价格的变动情况来预期未来价格 $P_t^e = P_{t-1} + \alpha(P_{t-1} - P_{t-2})$，$\alpha$ 为预期系数，代表人们的乐观程度。适应性预期认为人们不仅会根据上一期价格对未来进行预期，还会根据上一期的预期失误进行预期调整，$P_t^e = P_{t-1} + \beta(P_{t-1} - P_{t-2})$，$\beta$ 为修正因子，表示对过去预期失误的修正速度。理性预期认为人们会运用过去和现在一切可以获得的信息来对未来做出尽可能准确的预期 $P_t^e = E(P_t | I_{t-1})$，I_{t-1} 表示过去所有信息，不仅包括上一期价格，还包括各种可应用的经济理论与公式模型等。理性预期认为经济主体会充分有效地利用所有可获得的信息来形成一个无系统性偏误的预期。即定义预期误差为 $\varepsilon(t)$，则 $E(\varepsilon(t)) = 0$，也就是说理性预期的 P_t^e 是实际价格 P_t 的无偏估计。不同理论下农户风险预期水平衡量指标会有所不同，尽管静态预期、外推预期、适应性预期理论的结论不同，但无一例外地都认为未来预期依赖于过往经验，且以上一期状况为主要依据，因此，可以选取农业风险灾害指标的滞后一期作为农户风险预期水平衡量指标，此时农业保险发展水平与农户风险预期的交乘项为 $lnI\_F \times L.lnDisas$。根据理性预期理论，农户的预期风险将是实际风险水平的无偏估计，当年风险灾害的实际水平可以用来代表农户同期的风险预

期水平，此时农业保险发展水平与农户风险预期的交乘项为 $\ln I\_F\times Disas$。农业风险灾害的发生属于自然现象，难以受到农业保险、农业生产要素投入等社会经济因素的影响，具有较强的外生性，是比较合适的调节变量选择。

回归结果如表 3-12 所示。表中第[1]列展示了根据理性预期理论下的回归结果，交互项 $c.Disas\_F\#c.L.\ln I\_F$ 的系数为 0.031，且在 10%的水平下显著，表中第[2]列展示了静态预期、外推预期、适应性预期理论下的回归结果，交互项 $c.L.Disas\_F\#c.L.\ln I\_F$ 的系数为-0.270，同样在 10%的水平下显著。可见，无论是采用理性预期理论还是静态预期、外延预期和适应性预期理论，研究结果都表明农户的风险预期对农业保险的要素投入的促进作用具有显著的正向边际影响，农户的风险预期越高则可以加强农业保险对农业生产要素投入的正向影响，假设 H3-4 得到了检验。

表 3-12 风险灾害预期的影响机制检验

变量	理性预期理论 [1] lnFerti	其他预期理论 [2] lnFerti
$L.$lnFerti	0.953***	0.998***
	[0.039]	[0.050]
$L.\ln I\_F$	0.002	0.027
	[0.002]	[0.018]
$Disas\_F$	-0.449*	
	[0.247]	
$c.Disas\_F\#c.L.\ln I\_F$	0.031*	
	[0.016]	
$L.Disas\_F$		-0.270*
		[0.164]

续表

变量	理性预期理论 [1] lnFerti	其他预期理论 [2] lnFerti
c.L.Disas_F#c.L.lnI_F		0.022*
		[0.013]
控制变量和常数项	Y	Y
N	271	241
AR（2）	−1.61（0.107）	0.45（0.653）
Hansentest	12.33（0.055）	13.47（0.036）

【本章小结】

本章首先分析了农业保险对农业生产要素投入与产出增长影响的原理与相关机制，在此基础上构建了动态面板模型。同时使用替换变量、改变数据结构和估计模型等方法，对研究结果的内生性和稳健性进行了检验。本章主要研究结论如下：

（1）农业保险对农业总产出具有显著的正向影响，当进一步使用混合最小二乘法、个体固定效应等不同模型和改变控制变量以及数据时间结构等多种方法进行检验时，结论依然稳健。产业结构对这一影响具有边际效应，随着种植业占比的提升，农业保险对农业总产出的增长的促进作用得到加强，这表明农业保险对农业总产出的正向促进作用主要来源于种植业。分产业检验的结果也表明，种植业保险对种植业产出增长具有显著的正向影响，牧业保险对牧业产出的增长也具有显著的正向影响。

（2）农业保险对不同风险属性的要素投入具有不同的影响。劳动力要素被认为具有风险防范的作用，属于风险降低型要素，实证检验结果表明，农业保险对劳动力要素投入具有显著的负向影响,表明农业保险对风险降低型投入要素具有一定的替代关系,可能会降低风险降低型要素的投入使用。农用化肥是农业稳产增产的重要中间品投入,化肥投入对农业生产风险影响较小,化肥要素投入的风险特征不明确。实证结果表明,农业保险对农用化肥投入的影响显著为正,这表明由于预期效用提升的正向激励,农业保险对风险不明确的要素投入可能产生正向影响。

(3)预期灾害风险对农业保险的影响作用具有调节效应。基于理性预期理论、适应性预期及其他预期理论,分别以农业风险灾害的当期和滞后期作为农户灾害预期水平的衡量指标,对风险灾害预期的影响进行检验。研究结果表明,预期风险越大,农业保险对农业生产要素投入增长的促进作用越强。

第四章

农业保险对农业产业集聚的影响研究

从第三章的主要结论可以看出,农业保险对农业传统生产要素的投入可以产生正向或负向的影响,对不同生产要素的影响具有显著差异;农业保险对农业总产出的影响在产业结构间也不相同,对种植业的影响效果要显著大于牧业,同时不同地区农业保险的发展本身也在不同产业间存在政策差异。农业保险自身发展的政策差异和投入产出效应的产业结构异质性,会对农业区域布局产生影响。本章以此为切入点,进一步挖掘农业保险对农业产业布局影响的原理和机制,提出研究假设,选取代表农业专业化集聚的农业产业集聚度 HHI 与代表产业区位集聚度的产业区位熵 LQ 作为农业产业布局状况的衡量指标,构建模型进行实证检验,并对回归结果进行分析。

第一节 理论分析与研究假设提出

农业保险可以影响农业产业分布状况,一是使农业向某一个产业专业化集聚;二是使农业产业向某一个区域集聚。

一、农业保险与农业专业化集聚

农业保险的产业专业化集聚效应可以归因于两个方面:一方面,农业保险对不同要素投入的异质性影响,农业保险对不同要素投入的影响不同可能导致农业生产要素投入结构的改变,而要素配置结构的改变则会直接影响产业结构分布;另一方面,可能来源于农业保险产业政策不同而直接引起的产业间比较优势的差异。

农业保险会对农业生产要素配置结构产生影响。要素的风险属性是对要素的投入产出而言的,如果某要素投入的增加会增加预期产出的方差,则为风险增加性要素,如果要素投入的增加会减少预期产出方差,则为风险降低性要素。要素风险特征是农业生产要素使用决策主要考虑的因素之一。Ahsan 和 Kurian（1982）在一个单一投入产出的模型下考察了要素风险属性对农业保险要素投入效应的影响,结果表明,完全保障的农作物保险会促使农户增加风险增加性投入要素的施用,减少风险降低性要素的施用。Chambers（1989）的研究也表明,农户购买农业保险增强了施用风险增加性要素的动机。Quiggin（1992）通过理论分析指出,风险增加性要素在有保险的条件下的边际报酬要大于或等于无保险条件下的边际报酬,因此保险能促使对这种要素的投入增加。第三章检验了农业保险对农业生产要素投入的影响,根据前文的研究,农业保险对农户预期效用的改善可以激励农业生产要素的投入增长,对化肥等重要中间投入品的促进作用显著;通过道德风险与政策挤出的机制可以抑制农业劳动力要素的投入。一般来说,大规模资本投入、新项目开展等都会增加农业生产的风险,属于风险增加性生产要素。而劳动力、农药、风险防范性水利工程等属于风险减少性要素。且一般来说,生产要素的集中投入比分散投入的风险更高,经济作物的生产风险更高但经济效益也更高,因此农业保险可能会推动农业生产的集中性投入,并转向风险性更高但产出的经济价值也更高的产业发展。

同时,政策性农业保险具有鲜明的产业政策导向可以改变产业间的比较优势。首先,政策性农业是多层次农业保险产业发展政策。贵州省农业保险已经初步形成了覆盖农、林、牧、渔全产业的多层次农业保险产品体系,但并不是对所有产业所有险种的支持力度都一样。中央保费补贴政策和地方保费补贴政策实施的目的、导向并不完全相同,总体来说中央政策方向倾向关系国计民生、对农业和农村经济社会发展有重要意义的农作物。"地方特色险种"更倾向扶持地方优势产业。"乡村振兴"以来，贵州省因地制宜，根据各地的资源特点，在全省选定了茶叶、食用菌等 12 个特色产业作为主导产业，构建了"一县一品，一县一业"的"特色加板块"的发展格局。通过多级宏观政策调控，农业保险可以优化一个地区的产业结构使之与当地的要素资源禀赋更加契合。

由此提出假设：

*H*4-1：农业保险对农业产业专业化集聚具有正向影响。

*H*4-2：农业保险通过产业结构的调整对农业产业专业化集聚产生影响。

二、农业保险与农业区位集聚

美国经济学家克鲁格曼认为，生产者集聚在一个特定区位有许多优势，这些优势反过来又可以解释这种集聚现象。外部经济产生的纯粹的溢出效应，使一个巨大的本地市场能够支持达到有效规模的中间投入的发展，形成劳动市场的优势，产生规模报酬的递增。不仅只有企业的发展目标和利益驱动企业进行区位选择，产业区位选择的外在影响因素也很多，包括自然因素（自然环境、自然资源）、社会因素（人口和劳动力、资金、市场、交通情况）、科技因素（软环境、智力资源）。除此之外，宏观政策调控，包括国家直接投资、财政税收、转移支付等手段都可以成为产业区位选择的重要的宏观驱动机制。

农业生产十分依赖自然资源禀赋，天然的自然资源禀赋优势是重要的集聚因素。而风险灾害则可以看成是影响农业集聚的负因素。农业保险对农业风险分散的效果无疑削弱了这一负面因素，从而促进优势地区产生集聚效应。同时农业保险也是国家财政转移支付的手段，为农业发展指明了政策方向，也提供了资金支持。但农业保险也存在道德风险，这种道德风险过大，则可能使农业保险成为产业集聚的负面因素。结合第三章的实证结论可以看出，农业保险对种植业的正向影响更大，而对牧业的影响并不显著。因此牧业中也可能同时存在正向激励和负向激励。

*H*4-3a：农业保险对产业区位集聚可能具有正向影响。

*H*4-3b：牧业保险对产业区位集聚可能具有负向影响。

第二节 农业产业集聚的测算与分析

一、农业产业集聚度测算的方法

已有测算产业集聚度的方法很多，包括行业集中度、区位熵、基尼系数、赫芬达尔-赫希曼指数等，但它们反映的产业集聚的方式并不相同。

（一）行业集中度

行业集中度（CR），用来衡量行业中市场份额最大的几个企业相关指标的总和行业占比，这一指标比较适用于寡头垄断行业，其计算公式为：

$$CR_k = \sum_{i=1}^{k} E_i \Big/ \sum_{i=1}^{n} E_i \tag{4-1}$$

式中，E 代表行业中的厂商经营状况的代表性指标，如销售额、员工数量、总资产等，i 代表第 i 个企业，n 代表行业中的企业总计个数，k 代表市场份额靠前的企业个数，这个数量通常取 4~8，具体按照行业特征来确定。$CR_k \leqslant 1$，越接近于 1 代表集聚度越高。

（二）基尼系数

基尼系数（GC），用来衡量收入分配不平等程度，常被引入区域经济研究中，作为区域内产业、企业等经济主体发展均衡状况的指标。基尼系数由洛伦兹曲线测算而来，洛伦兹曲线的纵轴为代表性指标的累积百分比，横轴为相应主体数量的累积百分比。如在收入分配平均程度的衡量中，横纵轴分别为收入由低到高的人口数量累积百分比和收入累积百分比。用来衡量某行业中企业销售额分布均衡程度时，横纵轴分别为销售额由低到高的企业数量累积百分比和销售额累积百分比。其中，从原点出发的45°倾斜线代表完全平均的状况，而垂直于100%的直线则对应于所有财富（或者销售额）集中于一个人（或一家企业）的极端不公平状况，曲线 L 则代表现实的分布况状。基尼系数的核算公式为：

$$GC = \frac{A}{A+B} \quad (4-2)$$

式中，A 为45°倾斜线与洛伦兹曲线 L 所围成的面积 A，代表了现实的不公平程度，A 值越大不平等状况越严重；A+B 为45°倾斜线、横轴与100%垂直线所围区域的面积，代表了完全公平到完全不公平所形成的面积。基尼系数 GC 值介于 0~1，越接近于 0 代表指标分布越均衡，越接近 1 代表指标分布差异越大（见图4-1）。

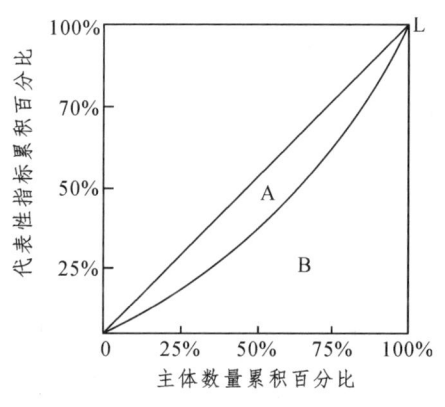

图 4-1　基尼系数示意图

（三）区位熵

区位熵（LQ），用来测度某地区给定区域中特定产业经济占有份额与该地区整体经济中该产业占有份额的比值，可以用来判断特定产业是否有向给定区域集聚的趋势。其计算公式为：

$$LQ = \frac{Q_{ij}}{Q_i} \bigg/ \frac{Q_{Nj}}{Q_N} \quad (4-3)$$

式中，Q代表行业发展的代表性指标如总产值、就业人员等，i代表给定区域i，N代表整个地区，j代表特定产业，Q_N代表整个地区总产值或总就业人员，Q_{Nj}代表整个地区特定产业j的总产值或就业人员，Q_i代表给定区域的总产值或就业人员，Q_{ij}代表给定区域产业j的总产值或就业人员。LQ=1，代表特定产业在给定区域的集聚程度与整个地区的平均值相当；LQ>1，则代表特定产业在给定区域的集聚程度高于整个地区的平均水平，具有集聚趋势；LQ<1，则代表特定产业在给定区域的集聚程度低于整个地区的平均水平，具有离散趋势。

（四）赫芬达尔-赫希曼指数

赫芬达尔-赫希曼指数（HHI），用行业中各企业市场份额（或行业中各产业的市场份额）的平方和来测算，可以用来衡量行业的市场竞争程度或分布均衡状况。其计算公式为：

$$HHI = \sum_{i=1}^{n} \left(\frac{Q_i}{Q}\right)^2 \tag{4-4}$$

式中，Q代表整个行业的代表性指标，如产值，i代表第i个企业（或第i个产业），Q_i代表第i个企业（或第i个产业）的产值。HHI介于0~1，越接近1代表垄断程度越高或者集聚程度越高；越接近于0代表竞争程度越高或者越分散。当整个行业中只有一个企业时，HHI为1，此时整个行业处于绝对垄断状态，高度集聚。当行业中的企业个数趋近于无穷，且每个企业的市场份额都相同时，代表了完全竞争状态，此时HHI的值趋于0。

综上可以看出，行业集中度（CR）更加适用于寡头垄断行业，但我国农业生产以小农经济为主，贵州农业生产更加分散，这一指标并不适用。基尼系数（GC）的测算则需要知道区域内每个厂商的生产情况，数据难以获得。除此之外，也有学者同时考虑基尼系数与赫芬达尔-赫希曼指数的优缺点，以用赫芬达尔-赫希曼指数消除企业规模过大对基尼系数失真的影响，建立了产业地理集中指数（EG），但计算更为复杂。考虑研究目的和数据的可获得性，本书使用赫芬达尔指数 HHI 和区位熵 LQ 来综合考察贵州省农业产业集聚状况。

二、贵州省农业产业集聚状况分析

从区位熵（LQ）来看贵州省农业的区位分布情况，贵州省省会贵阳市以及各市州市辖区等经济发展比较靠前的地区农业产业集聚度相对较低。反之，地区经济发展越是落后的地区，农业集聚更加明显，也就是说经济发展比较落后的地区，农业经济占地区整体经济的比重会更高，农业会更可能成为支持当地经济发展的主要产业。如图 4-2 所示，2020 年贵州省农业经济比较集聚的地区为威宁县、紫云县、务川县，这 3 个地区在脱贫攻坚时期都属于国家级贫困县。而云岩区、白云区、钟山区、汇川区等农业产业集聚程度则最低，其中云岩区、白云区是贵州省省会城市贵阳市的市辖区，钟山区为六盘水市市辖区，汇川为遵义市市辖区，这些地区主要以第二、三产业发展为主。然而，产业的专业化程度即产业集聚程度与农业经济的区位集聚程度并没有直接联系。依据 HHI 来看各县（区）农业产业集聚程度（或专业化程度），务川县、紫云县、威宁县等属于农业比较集聚的地区，产业专业化程度并没有明显高于其他地区，产业专业化相对比较高的地区有汇川区、平塘县、湄潭县等。

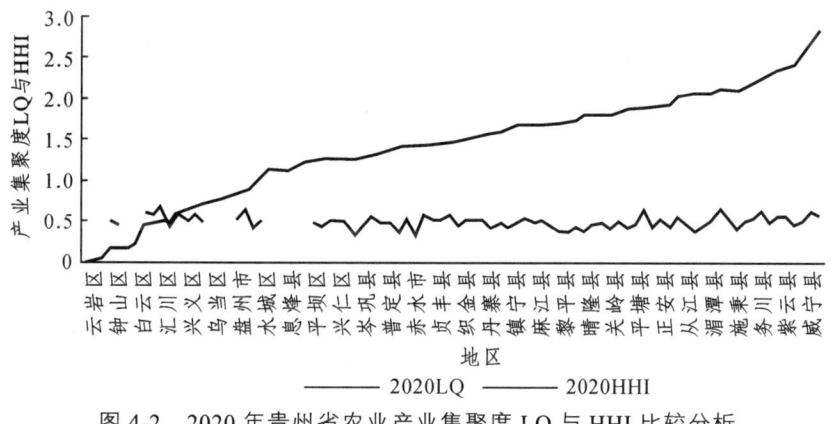

图 4-2 2020 年贵州省农业产业集聚度 LQ 与 HHI 比较分析

时空动态演进分析能够更好地了解贵州省农业产业集聚空间分布状况的动态发展情况。

（一）核密度估计

核密度估计是一种利用核函数估计概率密度函数的方法，属于非参数估计。该方法不利用有关数据分布的先验知识，以及不对数据分布附加任何假定，是一种从数据样本本身出发研究数据分布特征的方法。因而，在统计学理论和应用领域均受到高度重视。

给定一组独立同分布的样本 $x_1, x_2, \cdots, x_n$，设其概率密度函数为 f，核密度函数如下：

$$\int \hat{f}_h(x) = \frac{1}{n}\sum_{i=1}^{n} K_h(x-x_i) = \frac{1}{nh}\sum_{i=1}^{n} K\left(\frac{x-x_i}{h}\right) \quad (4-5)$$

（二）各县（区）农业产业集聚指标核密度函数动态分析

1. LQ 区位熵核密度曲线

2007年区位熵LQ曲线峰值在LQ=2与LQ=3之间，波形平坦左偏（见图4-3上），说明此时贵州省各县（区）区位熵差异显著，且高值更加密集。2007—2020年，曲线位置显著向左移动，且波峰变高，峰值向LQ=1趋近，曲线分布形态变窄，偏度趋正。表明贵州省各区域整体区位熵水平下降，且全省范围内各县（区）区位熵指标差距在缩小，大部分地区区位熵指标向全省平均水平靠近，即代表贵州省农业经济逐渐趋向于县域均衡发展。

2. HHI 赫芬达尔-赫希曼指数核密度曲线

2007年各县（区）HHI指数核密度曲线幅宽狭窄（见图4-3下），说明地区间差异较小，大多数地区的农业产业集聚程度为峰值所表现的HHI=0.5附近。2007—2020年，尽管波峰所在位置并没有很大变化，但HHI指数核密度曲线的形态逐渐变得平坦，说明地区间的差异开始变大。

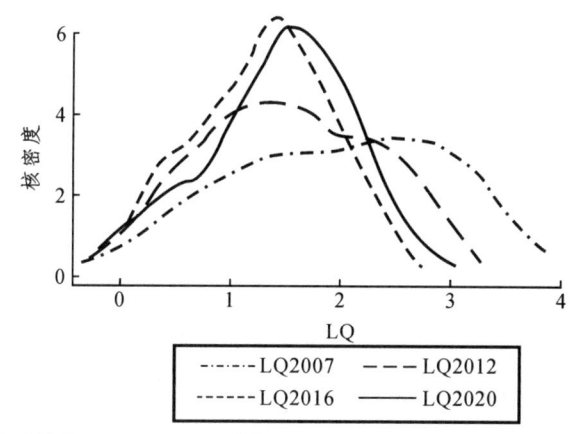

核函数为epanechnikov，带宽=0.2190

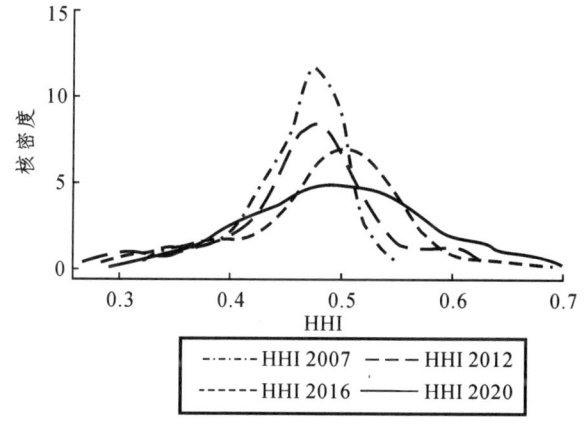

核函数为epanechnikov，带宽=0.0289

图 4-3 贵州省农业产业集聚度 LQ 与 HHI 核密度函数图

第三节 实证设计

一、数据来源

本章使用贵州省 2007—2020 年县域面板数据，其中各险种保费等农业保险相关数据来源于《贵州省农业保险月报》、贵州省财政厅、贵州省人民财产保险股份有限公司。农业产业集聚指标、农村就业人口等农业数据和县域经济社会发展相关资料则是从《贵州统计年鉴》、《中国县域统计年鉴》、贵州省各市州统计年鉴或年鉴所公布的数据中综合整理得到的。其中，数据停止发布或者早些年间不曾发布的变量按照缺失值处理，在连续发布的数据中，有个别年份数据缺失的则采用线性插值法补齐，对所有绝对变量取对数以减缓异方差的影响。价格相关变量均进行消胀处理，具体模型中样本的数据结构按所使用变量能够获得的数据年份进行回归。本章实证研究使用的软件为stataSE16.0。

二、模型设定

为检验农业保险对农业产业集聚状况的影响，构建动态面板数据GMM模型。

$$\mathrm{HHI}_{it} = c_1 + \eta_1 \mathrm{HHI}_{it-1} + \alpha_1 \ln I_{it-1} + \beta_1' \mathrm{Contr}_{it} + v_{i1t} \quad (4\text{-}6)$$

$$\mathrm{LQ\_F}_{it} = c_2 + \eta_2 \mathrm{LQ\_F}_{it-1} + \alpha_2 \ln I\_F_{it-1} + \beta_2' \mathrm{Contr\_F}_{it} + v_{i2t} \quad (4\text{-}7)$$

$$\mathrm{LQ\_A}_{it} = c_3 + \eta_3 \mathrm{LQ\_A}_{it-1} + \alpha_3 \ln I\_A_{it-1} + \beta_3' \mathrm{Contr\_A}_{it} + v_{i3t} \quad (4\text{-}8)$$

式中，i和t分别代表样本的个体和年份，c_1、c_2、c_3为常数项，v_{i1t}、v_{i2t}、v_{i3t}为扰动项。

式（4-6）中的被解释变量为农业产业集聚度HHI_{it}，解释变量为全险种保费$\ln I_{it-1}$，依然使用的是滞后一期，以缓解解释变量与被解释变量之间可能存在的双向因果关系，Contr_{it}为控制变量，在基础回归中主要包含对产业集聚有影响的因素金融环境$\ln\mathrm{Finan}$和农村劳动力就业状况$\ln\mathrm{Popul}$，在稳健性检验中还会使用农村居民收入$\ln\mathrm{Incom}$，地方财政状况$\ln\mathrm{Fisca}$，城镇化率Urban和教育水平指标$\ln\mathrm{Educa}$、$\ln\mathrm{Educa2}$。式（4-7）中的被解释变量为种植业区域集聚状况的衡量指标$\mathrm{LQ\_F}_{it}$，解释变量为种植业保费收入滞后一期$\ln I\_F_{it-1}$，$\mathrm{Contr\_F}_{it}$为控制变量，在基础回归中主要包含对产业集聚有影响的金融环境$\ln\mathrm{Finan}$和农村劳动力就业状况$\ln\mathrm{Popul}$，在稳健性检验中还会使用农村居民收入 lnIncom，地方财政状况 lnFisca，城镇化率 Urban 和教育水平指标 lnEduca、lnEduca2。式（4-8）中的被解释变量为牧业区域集聚状况的衡量指标 LQ_A_{it}，解释变量为牧业保费收入滞后一期 $\ln I\_A_{it-1}$，$Contr\_A_{it}$ 为控制变量，在基础回归中主要包含对产业集聚有影响的金融环境 lnFinan 和农村劳动力就业状况 lnPopul，在稳健性检验中还会使用农村居民收入 lnIncom，地方财政状况 lnFisca，城镇化率 Urban 和教育水平指标 lnEduca、lnEduca2。

三、变量选取

（一）被解释变量

农业产业集聚度（HHI）：用赫芬达尔-赫希曼指数来衡量，代表了县域农业生产的专业化程度，与农业多元化相对应。农业产业结构复杂，这里仅分为农、林、牧、渔 4 个部门来进行核算，具体核算公式为：（农业总产值/农林牧渔业总产值合计）^{2}+（牧业总产值/农林牧渔业总产值合计）^{2}+（渔业总产值/农林牧渔业总产值合计）^{2}+（林业总产值/农林牧渔业总产值合计）^{2}，其中农业总产值是按照统计年鉴中的指标名称，即本书所指种植业总产值，农林牧渔业总产值合计不包含农林牧渔服务业。赫芬达尔指数越接近 1 代表县域农业生产的专业化越强，越倾向集中从事某一产业，越接近于 0，代表县域农业产业的多元化发展趋势更强。

农业区位集聚指数（LQ）：用区位熵来衡量，代表了某产业的区位集聚程度。按照农业产业结构可以分为种植业区位熵、牧业区位熵、林业区位熵和渔业区位熵。本章重点考察种植业和牧业。种植业区位熵 LQ_F=县域（农业总产值/农林牧渔业总产值合计）/贵州省（农业总产值/农林牧渔业总产值合计），其中农林牧渔业总产值合计不包含服务业。种植业区位熵 LQ_A=（县域牧业总产值/县域农林牧渔业总产值合计）/（贵州省牧业总产值/贵州省农林牧渔业总产值合计），其中农林牧渔业总产值合计不包含服务业。

（二）核心解释变量

农业保险发展水平（I）：与第三章相同，农业保险发展水平依然选用农业保险保费收入，按照产业结构依然分为种植业保费收入 I_F 与牧业保费收入 I_A。

（三）控制变量

本章主要控制变量包含金融环境 lnFinan 和农村就业人口状况 lnPopul，在稳健性检验中还使用了农村居民收入水平 lnIncom、财政支持 lnFisca、城市化率 Urban、教育水平 lnEduca。变量的表述和具体解释与第三章相同。

（四）交互变量

与第三章相同，依然使用种植业产值占比 RF、牧业产值占比 AF 与农业保险的交互项考察产业结构的调节效应。另外，贵州政策性农业保险实施以来，农业产业政策发生过重大改变，因此以发生重大政策改变的年份为限，构建虚拟变量 TR，TR 取值分别为 0（年份小于 2014）与 1（年份大于或等于 2014）。政策变量 TR 与农业保险交互项用来检验农业保险产业政策转变前后，农业保险对农业产业集聚的影响大小是否有改变。

变量指标说明如表 4-1 所示。

表 4-1 变量指标说明

变量符号	变量名称	指标说明
HHI	农业产业集聚度	赫芬达尔-赫希曼指数：县域单位各产业产值占比的平方和
LQ_A	种植业区位集聚度	种植业区位熵：县域种植业产值占有份额与贵州省种植业产值占有份额
LQ_F	牧业区位集聚度	牧业区位熵：县域牧业产值占有份额与贵州省种植业产值占有份额
ln_I	农业保险总体发展水平	ln 全险种保费合计
lnI_F	种植业保险发展水平	ln 种植业保费收入

续表

变量符号	变量名称	指标说明
lnI_A	牧业保险发展水平	ln 牧业保费收入
lnFinan	金融环境	ln 金融机构人民币各项贷款余额
lnPopul	农村就业人口状况	ln 乡村从业人员数
lnIncom	农村居民收入水平	ln 农村常住居民人均可支配收入
lnFisca	财政支持	ln 一般公共预算支出
Urban	城市化率	城镇人口占比=城镇人口数/常住人口数
lnEduca	教育水平	ln 一般公共预算_教育支出
RF	产业结构	种植业产值占比=农业总产值[①]/农林牧渔业总产值合计
RA		牧业产值占比=牧业总产值/农林牧渔业总产值合计
TR	农业保险产业政策	TR=0，年份<2014；TR=1，年份≥2014

第四节 实证结果分析

一、描述性统计与相关性分析

（一）描述性统计

表 4-2 是主要变量的描述性统计，赫芬达尔-赫希曼指数 HHI 均值和中位数比较接近，无明显偏态，且标准差为 0.07，最小值为 0.28，标准差远低于最小值，说明农业产业集聚程度相对稳定，并没有出现极端的改变。种植业区位熵 LQ_F 的情况整体与赫芬达尔-赫希曼指数 HHI 类似，但是牧业区位熵 LQ_A 的标准差略微大些，牧业区位熵 LQ_A 最小值为 0.51，而

---

① 与第三章相同，这里的农业总产值数据来源于中国统计年鉴，指农林牧渔中的"农"，主要是各种农作物总产值。

标准差为 0.21，标准差超过了最小值 40%，牧业区位熵最大值为 2.25，意味着该样本牧业区位集聚程度是全省平均水平的 2.52 倍，而最小值为 0.51，仅约为全省平均水平的一半，牧业区位熵 LQ_A 的极差显然大于种植业区位熵 LQ_F，这表明牧业区位熵变量取值范围更宽。

表 4-2 主要变量的描述性统计

变量类型	变量指标	N	mean	min	p50	max	sd
被解释变量	HHI	1 008	0.47	0.28	0.48	0.68	0.07
	LQ_F	1 008	0.94	0.53	0.96	1.30	0.13
	LQ_A	1 008	1.05	0.51	1.02	2.52	0.21
核心解释变量	ln$I$	1 008	11.91	0.00	14.71	24.83	6.04
	ln$I$_F	1 008	8.03	0.00	0.00	26.36	8.50
	ln$I$_A	1 008	10.67	0.00	12.68	25.88	6.71
控制变量	lnFinan	1 008	3.50	0.05	3.55	6.32	1.05
	lnPopul	1 008	3.05	1.04	3.03	4.49	0.56
	lnIncom	1 008	8.48	7.41	8.59	9.36	0.46
	Urban	1 008	0.33	0.12	0.31	0.78	0.11
稳健性检验	lnEduca	1 008	1.25	-1.02	1.30	3.19	0.70

（二）主要变量的相关性分析

各变量间的 Pearson 相关系数检验结果如表 4-3 所示，核心解释变量农业保险发展水平 ln$I$ 与被解释变量有显著的正向关系，所有的控制变量与核心解释变量 ln$I$ 和 ln$I$_A 具有显著的相关性，但相关系数都在 0.5 以下，表明数据间没有体现严重的多重共线性。除了 lnPopul 之外，其余控制变量都与核心解释变量 ln$I$_F 显著相关，且 lnIncom 的相关性超过了 80%。为此以全部控制变量对核心解释变量 lnIF 进行多重共线性检验。所有控制变量的膨胀系数 VIF 值全部低于 10，表明不存在严重的多重共线性。

表 4-3 主要变量相关性分析

变量	HHI	LQ_F	LQ_A	ln*I*	ln*I_F*	ln*I_A*	lnFinan	lnPopul	lnIncom	lnFisca	Urban	lnEduca
HHI	1											
LQ_F	0.856***	1										
LQ_A	−0.090***	−0.490***	1									
ln*I*	0.114***	0.032 0	0.056*	1								
ln*I_F*	0.170***	0.095***	−0.059*	0.603***	1							
ln*I_A*	0.082***	−0.033 0	0.155***	0.808***	0.532***	1						
lnFinan	0.311***	0.186***	0.009 00	0.439***	0.676***	0.362***	1					
lnPopul	0.363***	0.244***	0.132***	0.104***	−0.014 0	0.055*	0.347***	1				
lnIncom	0.199***	0.120***	−0.096***	0.466***	0.818***	0.354***	0.807***	−0.009 00	1			
lnFisca	0.246***	0.174***	−0.033 0	0.325***	0.554***	0.293***	0.749***	−0.082***	0.716***	1		
Urban	0.246***	0.174***	−0.033 0	0.325***	0.554***	0.293***	0.749***	−0.082***	0.716***	0.512***	1	
lnEduca	0.332***	0.217***	0.014 0	0.430***	0.594***	0.310***	0.826***	0.614***	0.694***	0.965***	0.447***	1

二、农业保险对农业产业集聚影响的基础实证与稳健性检验

（一）农业保险对农业产业专业化集聚的影响

为了检验农业保险对农业产业集聚的影响，构建动态面板模型作为基础回归模型，与第三章一样，本章依然使用系统广义矩估计（SYSGMM）一步回归查看参数估计结果，并通过两步回归后的 Arellano-Bondtest 和稳健的 Hansentest 检验模型设定。除了使用 SYSGMM 外，还使用了最小二乘法 OLS 和个体固定效应模型 FE 的结果作为对比，实证结果如表 4-4 所示。

表中第[3]列是基础回归系统广义矩估计 SYSGMM 的结果，核心解释变量 $L.\ln I$ 的系数为 0.001，在 1%的水平下显著。表明在控制了影响农业产业集聚的金融环境 lnFinan 和农村就业人口状况后 lnPopul，农业保险对农业产业集聚表现有显著的正向影响。第[1]列是 OLS 回归的结果，核心解释变量 $L.\ln I$ 的系数为 0.001，在 10%的水平下显著，表中第[2]列是个体固定效应 FE 模型的回归结果，核心解释变量 $L.\ln I$ 的系数依然为 0.001，在 1%的水平下显著。3 个模型的回归结果一致，回归系数完全一致，初步表明了基础回归模型检验结果的可靠性。

表 4-4　农业保险对农业产业集聚的影响

变量	OLS [1] HHI	FE [2] HHI	SYSGMM [3] HHI
$L.\text{HHI}$			0.682***
			[0.056]
$L.\ln I$	0.001*	0.001***	0.001***
	[0.000]	[0.000]	[0.000]
lnFinan	0.012***	0.009***	−0.003
	[0.002]	[0.003]	[0.002]
lnPopul	0.036***	−0.027	0.009
	[0.004]	[0.017]	[0.016]

续表

变量	OLS [1] HHI	FE [2] HHI	SYSGMM [3] HHI
_cons	0.314***	0.514***	0.120**
	[0.013]	[0.053]	[0.048]
N	936	936	936
R-sq	0.17	0.113	
adj.R-sq	0.167	0.11	
AR（1）			-5.14（0.000）
AR（2）			-0.04（0.971）
Hansentest			6.61（0.882）

上文已经使用了转换估计模型的方法对农业保险产业集聚促进效应进行初步的稳健性检验，这里继续使用改变控制变量的办法，包括去掉全部控制变量，减少部分控制变量和增加部分控制变量。减少的控制变金融环境 lnFinan，增加的控制变量为农村居民收入水平 lnIncom、地方政府财政能力 lnFisca、城镇化率 Urban、教育状况 lnEduca，回归结果如表 4-5 所示。从表 4-5 可以看到，无论对控制变量做了增加还是减少的改变，核心解释变量的系数都是 0.001，且都在 1%的水平下显著，进一步表明了基础回归结果的稳健性。

表 4-5 稳健性检验：改变变量

变量	无控制变量 [1] HHI	减少控制变量 [2] HHI	增加控制变量 [3] HHI
L.HHI	0.668***	0.662***	0.588***
	[0.048]	[0.050]	[0.068]
L.lnI	0.001***	0.001***	0.001***
	[0.000]	[0.000]	[0.000]

续表

变量	无控制变量 [1] HHI	减少控制变量 [2] HHI	增加控制变量 [3] HHI
lnPopul		0.011 [0.015]	0.075** [0.033]
lnFinan			0.011 [0.018]
lnIncom			0.087*** [0.030]
Urban			-0.063 [0.148]
lnEduca			-0.090*** [0.021]
_cons	0.147*** [0.023]	0.117** [0.048]	-0.690*** [0.257]
N	936	936	936
AR（2）	-0.13（0.897）	-0.16（0.874）	0.67（0.501）
Hansentest	1.48（1.000）	5.37（0.944）	6.70（0.877）

（二）农业保险对农业区位集聚的影响

农业保险对农业产业专业化集聚具有显著的正向影响，那么农业保险对农业产业的区位集聚是否具有同样的影响呢？下面分产业来进行检验，结果如表 4-6 所示。第[1]列为种植业保险对种植业区位集聚影响的回归结果，核心解释变量 $L.lnI\_F$ 的系数为 0.004，在 1%的水平下显著，表明种植业保险可以促进种植业的区位集聚，第[2]列为牧业保险对牧业区位集聚影响的回归结果，核心解释变量 $L.lnI\_A$ 的系数为-0.009，在 1%的水平下显著，表明牧业保险对牧业产业集聚具有显著的负向影响。这可能是由于牧业中存在道德风险和挤出效应，H4-2b 得到检验。

表 4-6　分行业检验结果

变量	[1] LQ_F	[2] LQ_A
L.LQ_F	0.461***	
	[0.047]	
L.ln*I*_F	0.004***	
	[0.001]	
L.LQ_A		0.741***
		[0.076]
L.ln*I*_A		-0.009***
		[0.001]
lnFinan	-0.043***	0.056***
	[0.007]	[0.013]
lnPopul	0.122***	-0.305**
	[0.041]	[0.120]
_cons	0.268*	1.083***
	[0.139]	[0.328]
N	936	936
AR（2）	-0.27（0.788）	-0.75（0.454）
Hansentest	4.33（0.977）	2.87（0.996）

三、异质性检验

（一）政策异质性检验

贵州省农业保险发展过程中，经历过几次比较大的产业政策调整，2007年中央保费补贴的政策性农业保险开始在贵州实施，但是仅有奶牛、能繁母猪等畜牧业险种。2011中央财政开始对林业保险进行保费补贴，直到2014年才开始扩展到种植业，之后便开始逐渐建立覆盖全产业的多层次农业保险体系。尽管2011年也对农业保险的补贴范围进行了调整，但由于林业占比小，且产值相对稳定，农业保险承保的又大多是没有经济价值的公益林等，因此对整体的农业产业结构的发展难以产生较大的影响。因此，我们重点考察2014年的政策变化对农业产业集聚的影响。将代表政策变动的虚拟变量TR与核心解释变量$L.\ln I$交乘，代入原基础回归模型，检验结果如表4-7所示。

回归结果显示，交乘项TR×$L.\ln I$的系数为-0.006，在1%的水平下显著，说明2014年实施全产业覆盖的农业保险产业政策以后，农业保险对农业产业集聚的正向影响被抑制。可见，全覆盖的农业保险补贴政策，不如单一产业的保费补贴政策更能促进产业的专业化发展。

表4-7 保险产业政策调整对农业保险产业集聚促进作用的影响

变量	[1] HHI
$L.$HHI	0.781***
	[0.057]
$L.$TR	0.076***
	[0.017]
$L.\ln I$	0.002***
	[0.000]
1.TR#c$L.\ln I$	-0.006***
	[0.001]
控制变量与常数项	Y
N	936
AR（1）	-5.41（0.000）
AR（2）	-0.23（0.818）
Hansentest	16.15（0.185）

（二）产业结构的影响检验

农业保险具有鲜明的产业导向政策，直接目的是引导农业产业结构向有利于承保产业发展的方向调整，农业保险的产业导向政策是否有效？是否由此促进了县域农业产业的转化集聚？为此以农业产业结构为中间变量，进行路径相应路径检验。种植业占比 RA（=农业总产值/农林牧渔业总产值合计）用来作为农业产业结构的代表性指标。种植业占比高的地区，尤其是主粮产区，能够得到更多的中央政策支持，因此政策强度更大。将种植业占比与农业保险发展水平的交互项 RF×$L.\ln I$ 代入原模型，得到的回归结果如表 4-8 所示。第[1]列中交互项 RF×$L.\ln I$ 的系数为 0.010，在 5%的水平下显著，说明农业保险通过将农业产业结构向种植业调整促进了县域农业产业专业化集聚。第[2]列交互项 RA×$L.\ln I$ 的系数为-0.461，在 1%的水平下显著，说明农业保险通过将农业产业结构向牧业调整抑制了县域农业产业的专业化集聚，假设 H4-2 得到检验。

表 4-8　产业结构的影响机制检验

变量	[1] HHI	[2] HHI
$L.$HHI	0.192***	0.523***
	[0.034]	[0.063]
$L.\ln I$	-0.006**	-0.001
	[0.002]	[0.002]
RF	0.490***	
	[0.060]	
c.RF#cL.lnI	0.010**	
	[0.004]	
RA		-0.461***
		[0.085]
c.RA#cL.lnI		0.003
		[0.006]

续表

变量	[1] HHI	[2] HHI
控制变量与常数项	Y	Y
N	936	936
AR（1）	−2.85（0.004）	−3.78（0.000）
AR（2）	0.09（0.929）	0.74（0.459）
Hansentest	12.31（0.421）	24.41（0.018）

【本章小结】

本章首先分析了农业保险对产业集聚影响的原理与机制，在此基础上构建动态面板模型。根据不同的衡量角度，选取农业专业化集聚度指标 HHI 和农业区位集聚度指标 LQ 作为被解释变量，检验了农业保险对农业产业集聚影响的效果、路径和机制等，同时使用替换变量和估计模型等方法，对研究结果稳健性进行了检验。本章主要研究结论如下：

（1）农业保险对县域农业产业专业化集聚具有显著的正向影响。通过比较 OLS、FE 模型的回归结果，并替换控制变量进行稳健性检验，验证了实证结果具有较强的可靠性。路径检验结果表明，农业保险可以通过对产业结构的调整来影响农业产业的专业化集聚，通过向种植业调整促进农业产业的专业化集聚，通过向牧业调整抑制农业产业的专业化集聚。

（2）农业产业政策的改变会影响农业保险的专业化集聚效应，相比于全产业多元化的保费补贴政策，单产业保费补贴更能促进农业的专业化集聚。

（3）农业保险对农业产业区域集聚的影响在不同产业间的表现并不相同。种植业保险对种植业产业集聚具有显著正向影响，这表明种植业农业保险发展正向加强产业的区位优势。而牧业保险对牧业产业集聚具有显著负向影响，这可能源于农业保险中存在着较大的道德风险和挤出效应。

第五章

农业保险对农业技术应用的影响研究

第三章和第四章主要关注了农业保险对投入产出和区位布局的影响，农业保险是否可以对技术应用产生影响呢？本章在理论分析的基础上提出研究假设，使用动态面板模型进行实证检验。

第一节 理论分析与研究假设提出

一、农业保险与农业技术应用

舒尔茨（1999）对农户不愿意采纳新技术的原因进行了分析，认为农民抗风险能力差，而采用先进技术可能进一步增加风险，不采纳新技术是农户规避风险的一种理性表现。农业保险具有风险共担的作用，在任何情况下，风险共享的效果都是增加用于风险承担的资源（Ahsan 等，1982）。姜万军（1997）认为在理论分析中，对农民来讲，他们往往将资金分成从事风险性活动与不从事风险性活动两种，通过保险可以增强农民对于新型农业生产技术的使用。Quiggin（1992）认为农业保险的道德风险激励在理论上可能导致要素投入的增加，特别是当这一要素是风险增加型时，因为由此产生的不确定赔付由保险机构来承担。总结来说，当新技术采纳的风险由农业保险来承担时，便可以激励农户增加新技术投入，从而促进技术进步。同时，农业保险可以提高农户的预期效用不仅激励农业对传统生产要素的投入，也对农业技术进步起到同样的作用。技术一般具有非独立非竞争性特征（蔡继明等，2022），技术的投入需要人力和资本等传统生产要素投入的配合，农业技术具有很强的外溢性，获取技术本身需要付出的成本并不高，但是其配合使用的传统生产要素会产生成本。因此对传统生产要素的风险保障，会改善农户对农业技术的使用。

在农业技术效率问题方面，由于不确定性的存在，采用保险可能解决风险规避型农户的次优投入使用问题（Russo 等，2022）。农业保险通过使风险厌恶的农户倾向风险中性（Nelson 和 Loehman，1987；Ramaswami，1993），促进资源的优化配置，使农户实现利润最大化，提高生产水平，从而提高其技术效率（Roll，2019）。对于一个风险中性的生产者，如果投入是风险常数或风险增加，边际产品的预期价值在初始均衡中必须为正，那么对于一个厌恶风险的生产者来说也是如此。因此，唯一有问题的情况是具有负边际产品但可以使风险降低的投入。在没有保险的情况下，高度规避风险的生产者可能会在其预期边际产品为负值的情况下使用这种投入。因此，保险引起的这种投入使用的减少将导致预期产出增加（Quiggin，1992）。农业保险也可能会通过溢出效应对农业纯技术效率产生正向影响。

（1）风险管理溢出效应。农业保险业务将农业风险集中转移给了保险公司，保险公司必须加强风险管理以降低自身损失。保险公司通过为农户提供风险技术指导、科学设置农业保险条款和理赔服务标准，可以引导投保农户提高种养殖标准，减少农业损失，提高农业技术效率。

（2）信息要素积累的溢出效应。大数定理是保险发展的数理基础，农业保险产品的开发与设计，需要大量农业信息数据的支持，其中包括农户信息、农产品产量、农产品价格、农业生产要素及技术情况、农业气象及灾害数据等，这些数据是科学制定农业保险费率及保障程度的重要依据。数据要素的积累，不仅有利于农业保险的自我完善与可持续发展，更是形成了有利于农业生产的重要信息资源，对农业发展产生溢出效应。

综上提出以下假设：

H 5-1：农业保险可以促进农业技术应用。

二、产业结构的影响机制分析

农业不同产业的生产技术差异较大，技术应用的风险也不相同，这将导致产业结构对农业保险技术促进效应的差异。就贵州当前的农业生产而言，贵州省种植业农业技术应用比较落后，贵州省农业分散化、碎片化严重，精耕细作而无法使用规模化生产的机械设备。因此，随着种植业占比的提升，农业保险对农业技术应用增长的影响效果会被降低。

综上提出以下假设：

H 5-2：种植业占比高将会抑制农业保险的技术促进作用。

第二节 实证设计

一、样本选择及数据来源

本章使用贵州省 2007—2020 年县域面板数据，其中保险费用等农业保险相关数据来源于《贵州省农业保险月报》、贵州省财政厅、贵州省人民财产保险股份有限公司。农村就业人口、种植面积、农业机械投入等农业数据和县域经济社会发展相关资料来源于《贵州统计年鉴》、《中国县域统计年鉴》、贵州省各市州统计年鉴或年鉴。其中，数据停止发布或者早些年间不曾发布的变量按照缺失值处理，在计算过程中按实际有数据的年份进行回归。在连续发布的数据中，有个别年份数据缺失的则采用线性插值法补齐，对所有绝对变量取对数以减缓异方差的影响。价格相关变量均进行消胀处理，本章实证研究使用的软件为 stata SE16.0。

二、变量选取及衡量指标

影响农业技术影响的因素较多，但主要方面包括劳动力状况、受教育水平、农户收入水平等。参考邓宗兵（2010）、李谷成（2014）、朱满德等（2015）、杜江等（2016）、陈俊聪等（2016）、龚锐等（2020）、郭海红（2020）、刘敏（2020）等选择以下指标：

（一）被解释变量

农业技术应用状况选取农业机械总动力（Mecha）来表示。农业机械是现代农业技术进步的重要表现之一，这些机械不仅包括各种农用拖拉机、排灌机、收割机，还包括运输车、捕捞渔船和养殖渔船等。这些机械涉及农林牧渔各个产业，因此可以作为综合技术应用状况的衡量指标。另外，设施农业占地面积（Facil）也代表了一定的农业技术应用能力。农业设施用地是指农业生产中直接用于作物种植、畜禽饲养、水产养殖所建造的大棚、温室、圈舍、养殖池等生产设施用地，以及为农业种植养殖配建的保鲜冷藏、晾晒存贮、农机库房、分拣包装、废弃物处置、管理看护房等必要的辅助设施用地，作为稳健性检验的替换指标。

（二）核心解释变量

农业保险发展程度依然使用农业保费收入 I 来衡量。限于数据的可获得性，在分产业讨论中分析了种植业农业技术应用的情况。相应地，种植业保险发展水平，用种植业保费收入 I_F 来表示。

（三）控制变量

主要控制变量包括：①农村居民收入（Incom），用农村常住居民人均可支配收入作为衡量指标；②农村就业人口状况（Popul），用乡村从业人员数来衡量；③教育水平（Educa），用一般公共预算_教育支出来衡量，稳健性检验中使用小学学龄女童入学率来衡量。其他稳健性检验的控制变量还有：一般公共预算支出（Fisca）、金融机构人民币各项贷款余额（Finan）、城镇化率（Urban）、农村信息化水平（Infor）。变量的来源测算与解释与前两章相同。

（四）交互变量

交互变量依然使用代表农业产业结构特征的种植业产值占比 RF 和牧业产值占比 RA 来衡量。核算方法与前两章相同。

变量选择及衡量指标如表 5-1 所示。

表 5-1 变量选取及衡量指标

变量符号	变量名称	指标说明
Mecha	农业技术应用状况	ln 农业机械总动力
lnFacil		ln 设施农业占地面积
ln$I$	农业保险发展水平	ln 全险种农业保费收入
lnI_F	种植业保险发展水平	ln 种植业保费收入
lnPopul	农村就业人口状况	ln 乡村从业人员数
lnIncom	农村居民收入水平	ln 农村居民人均可支配收入
lnEduca	教育水平	ln 一般公共预算_教育支出
lnEduca2		小学学龄女童入学率
lnFisca	地方财政状况	ln 一般公共预算支出
lnFinan	金融环境	ln 金融机构人民币各项贷款余额
Urban	城镇化率	城镇人口占比=城镇人口数/常住人口数
Infor	农村信息化水平	ln 宽带村比率
RF	产业结构	种植业产值占比=农业总产值[①]/农林牧渔业总产值合计
RA		牧业产值占比=牧业总产值/农林牧渔业总产值合计

---

① 与第三章相同，这里的农业总产值数据来源于中国统计年鉴，指农林牧渔中的"农"，主要是各种农作物总产值。

三、模型构建

考虑农业技术应用的时间路径依赖性，参照陈俊聪、王怀明和张瑾（2016）的研究，构建动态面板 GMM 模型。动态面板模型的一般形式为：

$$\ln \text{Mecha}_{it} = c_1 + \eta_1 \ln \text{Mecha}_{it-1} + \alpha_1 \ln I_{it-1} + \beta_1' \text{Contr}_{it} + v_{i1t} \quad (5\text{-}1)$$

式中，$\ln \text{Mecha}_{i,t}$ 为解释变量，代表农业技术应用状况，$\ln \text{Mecha}_{it-1}$ 为解释变量滞后一期，$\ln I_{it-1}$ 为被解释变量滞后一期，代表农业保险发展水平，Contr_{it} 代表一组控制变量。基础回归中的主要控制包括人口状况 lnPopul、收入水平 lnIncom 和教育水平 lnEduca。稳健性检验中还使用了设施农业占地面积 lnFacil、小学学龄女童入学率 Educa、金融环境 lnFinan、城镇化率 Urban 和农村信息化水平 Infor，$v_{i,t}$ 为扰动项。

第三节 实证结果分析

一、描述性统计与相关性分析

（一）描述性统计

农业机械总动力 lnMecha 平均值与中位数相等，表明无明显偏态，最小值 0.69，最大值 10.50，极差较大，说明数据覆盖范围比较宽广，有利于回归结果的表现。标准差 0.86 大于最小值 0.69，说明数据存在一定的波动性。lnMecha 样本量为 834，数据结构为 2007—2017，缺少 2018—2020 年的数据。因此本节的回归模型也以 2007—2017 年数据结构为主。所有绝对量数值都取了对数，可以看到方差都较小，可以缓解异方差的问题。其余变量的描述性统计分析参考第三章与第四章。

变量的描述性统计如表 5-2 所示。

第五章
农业保险对农业技术应用的影响研究

表 5-2 变量的描述性统计

变量类型	变量指标	N	mean	min	p50	max	sd
被解释变量	lnMecha	834	3.04	0.69	3.04	10.50	0.86
核心解释变量	ln$I$	1008	11.91	0	14.71	24.83	6.04
主要控制变量	lnPopul	1008	3.05	1.04	3.03	4.49	0.56
	lnIncom	1008	8.48	7.41	8.59	9.36	0.46
	lnEduca	1008	1.25	−1.02	1.30	3.19	0.70
稳健性检验变量	lnFacil	575	4.73	1.10	4.76	9.16	1.58
	Educa	792	96.97	67.10	99.30	164.20	7.43
	lnFisca	1008	2.72	0.53	2.80	4.51	0.70
	lnFinan	1008	3.50	0.05	3.55	6.32	1.05
	Urban	1008	0.33	0.12	0.31	0.78	0.11
	Infor	304	0.86	0.08	0.97	2.00	0.31

（二）相关性分析

表 5-3 为对主要变量进行 Pearson 相关系数检验的结果。核心解释变量农业保险发展水平 ln$I$ 与被解释变量有着显著的正向关系，所有的控制变量与核心解释变量之间也都具有显著的相关性，但相关系数都在 0.5 以下，表明数据间没有体现严重的多重共线性。

二、农业保险对农业技术应用影响的基础回归结果与稳健性

（一）农业保险对农业技术应用影响的基础回归

为检验农业保险对农业技术进步的影响，在控制农村就业人口状况 lnPopul、农村居民收入水平 lnIncom 和教育水平 lnEduca 的条件下，考虑农业技术进步滞后一期对当期的影响，构建系统广义差分 SYSGMM 模型，回归结果如表 5-4 所示。表中第[3]列为基础回归结果，核心解释变量 $L.\ln I$ 的系数为 0.007，在 5% 的水平下显著，表明农业保险对农业技术应用具有显

表 5-3 主要变量相关性分析

变量	lnMecha	lnfacil	ln*I*	lnPopul	lnIncom	lnEduca	lnEduca2	lnFisca	lnFinan	Urban	Infor
lnMecha	1										
lnfacil	0.210***	1									
ln*I*	0.259***	0.172***	1								
lnPopul	0.368***	0.218***	0.104***	1							
lnIncom	0.475***	0.207***	0.466***	−0.009 00	1						
lnEduca	0.544***	0.287***	0.430***	0.614***	0.694***	1					
lnEduca2	0.139***	0.143***	0.230***	−0.018 0	0.286***	0.236***	1				
lnFisca	0.533***	0.299***	0.403***	0.495***	0.781***	0.965***	0.271***	1			
lnFinan	0.538***	0.385***	0.439***	0.347***	0.807***	0.826***	0.359***	0.861***	1		
Urban	0.332***	0.213***	0.325***	−0.082***	0.716***	0.447***	0.294***	0.512***	0.749***	1	
Infor	0.104**	0.208***	0.192***	0.027 0	0.338***	0.230***	0.061 0	0.248***	0.347***	0.295***	1

著的促进作用。第[1][2]列，列示了 OLS 模型和固定效应模型 FE 的回归结果与基础模型进行对比，第[1]列中核心解释变量 $L.\ln I$ 的系数依然为 0.007，且在 5%的水平下显著，第[2]列中核心解释变量 $L.\ln I$ 的系数依然为 0.003，且在 10%的水平下显著。3 个模型下的农业保险对农业技术应用的影响均为正，初步表明基础回归模型结果的稳健性。

表 5-4 农业保险对农业技术应用影响的基础回归结果

变量	OLS [1] lnMecha	FE [2] lnMecha	GMM [3] lnMecha
$L.\ln Mecha$			0.210**
			[0.098]
$L.\ln I$	0.007**	0.003*	0.007**
	[0.003]	[0.002]	[0.003]
lnPopul	0.508***	−0.753	−0.545
	[0.077]	[0.916]	[0.565]
lnIncom	0.893***	0.602**	0.265
	[0.115]	[0.274]	[0.314]
lnEduca	0.025	0.317	0.353
	[0.083]	[0.208]	[0.263]
_cons	−6.125***	−0.111	1.393
	[1.041]	[2.196]	[3.374]
N	762	762	762
R-sq	0.327	0.256	
adj.R-sq	0.323	0.252	
AR（2）			0.53（0.598）
Hansentest			9.18（0.687）

（二）农业保险对农业技术应用影响的稳健性检验

使用加减控制变量的方法来对基础模型回归结果的稳健性进行进一步检验，结果如表 5-5 所示。表中第[1]列为基础模型去掉所有控制变量之后的回归结果，核心解释变量 L.lnI 的系数依然为 0.016，且在 1%的水平下显著；第[2]列为基础模型减少控制变量教育水平 lnEduca 和农村居民收入水平 lnIncom 之后的回归结果，核心解释变量 L.lnI 的系数为 0.007，且在 1%的水平下显著；第[3]列为基础模型中添加控制变量设施农业占地面积 lnFacil、小学学龄女童入学率 Educa、金融环境 lnFinan、城镇化率 Urban 和农村信息化水平 Infor 之后的回归结果。由于部分数据缺失，模型的时间结构也随之改变，此时核心解释变量 L.lnI 的系数依然为 0.016，且在 5%的水平下显著。整体来看，经过以上变换之后，农业保险 L.lnI 对农业技术应用 L.lnMecha 的影响系数依然显著为正，进一步表明了基础回归结果的稳健性，H5-1 得到检验。

表 5-5 农业保险对农业技术进步影响的稳健性检验

变量	无控制变量 [1] lnMecha	减少控制变量 [2] lnMecha	增加控制变量 [3] lnMecha
L.lnMecha	0.572*** [0.103]	0.224*** [0.082]	0.365** [0.153]
L.lnI	0.016*** [0.005]	0.007** [0.003]	0.016** [0.006]
lnEduca		0.488*** [0.060]	0.494 [0.346]
lnPopul			0.062 [0.390]
lnIncom			−0.162 [0.516]

续表

变量	无控制变量 [1] lnMecha	减少控制变量 [2] lnMecha	增加控制变量 [3] lnMecha
lnEduca2			0.002
			[0.013]
lnFisca			0.067
			[0.537]
lnFinan			-0.224
			[0.294]
Urban			-0.155
			[1.980]
Infor			0.11
			[0.169]
_cons	1.215***	1.747***	2.706
	[0.271]	[0.186]	[4.065]
N	762	762	309
AR（1）	-2.74（0.006）	-2.49（0.013）	-1.53（0.127）
AR（2）	1.59（0.111）	0.85（0.398）	-0.48（0.630）
Hansentest	13.48（0.335）	13.18（0.356）	17.27（0.027）

三、产业结构的异质性分析

表 5-6 中第[1]列为种植业产值占比调节效应检验结果，交互项 c.RF#cL.ln$I$ 的系数依然为-0.423，在5%的水平下显著，表明随着种植业产值占比的提升，农业保险对农业技术应用的正向应将被抑制；第[2]列为牧业产值占比调节效应检验结果，交互项 c.RA#cL.ln$I$ 的系数依然为 0.327，在5%的水平下显著，表明随着牧业占比的增加，农业保险对农业技术应用的正向作用将被加强。

表 5-6　产业结构的调节效应检验

变量	[1] lnMecha	[2] lnMecha
L.lnMecha	0.240*	0.161
	[0.127]	[0.099]
$L.\ln I$	0.263**	-0.084**
	[0.105]	[0.040]
RF	0.805	
	[1.400]	
$c.RF\#cL.\ln I$	-0.423**	
	[0.175]	
RA		1.103
		[2.038]
$c.RA\#cL.\ln I$		0.327**
		[0.130]
N	762	762
AR（1）	-2.43（0.015）	-2.66（0.008）
AR（2）	0.81（0.420）	0.64（0.523）
Hansentest	13.75（0.317）	15.28（0.227）

【本章小结】

本章首先分析了农业保险影响农业技术应用的原理与机制，在此基础上构建了动态面板模型；同时使用替换变量和估计模型等方法，对研究结果稳健性进行了检验。

本章主要研究结论：农业保险对农业技术进步具有显著的正向影响，通过与OLS、FE模型估计的回归结果进行比较，并改变控制变量进行稳健性检验，验证了实证研究结果具有较强的可靠性。机制检验结果表明，农业保险对农业技术应用的促进作用受到产业结构的影响，当种植业产值占比高，农业保险对农业技术应用的正向影响被抑制，当牧业占比提高时农业保险对农业技术影响的正向影响被加强，表明农业保险对牧业技术应用的促进效果要优于种植业。

第六章

研究结论及政策建议

本章梳理前面章节的研究内容，归纳和概括前文的主要研究结论，在这些研究结论的基础上，联系我国农业保险实际和农业高质量发展的要求，提出相应的对策和建议。

第一节 主要研究结论

本书综合运用文献研究法、理论研究与经验研究、规范研究与实证研究相结合的方法，在对农业产业发展的相关理论、期望效应理论、产业政策理论等理论进行梳理与总结的基础上，探究了贵州省农业保险对农业产业发展的影响机制。然后对贵州省农业产业发展中存在的问题和农业保险产业支持保障功能的不断完善进行了分析，接着运用2007—2020年贵州省县域级面板数据，实证分析了农业保险对贵州省农业产出规模、农业生产要素投入、农业产业集聚和农业技术应用的影响。主要研究结论如下：

一、农业保险有利于贵州省农业总产出规模的提升

第三章对农业保险与农业投入产出之间的关系进行了理论分析与实证检验，农业保险对农业生产要素投入等产生影响，生产要素投入进一步影响产出，因此，农业保险会对农业总产出规模产生影响。实证检验的结果

显示农业保险对农业总产出规模产生显著的正面促进作用。这一效应受到产业结构的影响，种植业产值占比对农业保险的产出效应具有显著正向调节作用，即种植业产值占比越高，农业保险增长对农业产出总规模增长的促进作用越强。分产业的回归分析表明，种植业保险对种植业总产出、牧业保险对牧业总产出都有正向影响。综合来看，种植业保险对农业总产出增长的贡献要高于牧业。

二、农业保险对不同生产要素投入的影响显著不同

从理论分析来看，农业保险一方面作为后备基金可以整体上提升农户灾后恢复再生产时要素投入的能力；同时，作为一种未来收入的保障措施可以提升进行农业生产的预期效用，即提升农户农业生产要素投入能力和意愿。另一方面农业保险对农业风险防范性要素投入可以产生替代作用，在道德风险与挤出效应的作用下，可能对要素投入增长产生负向影响。因此，农业保险对农业生产要素投入的最终影响效果取决于要素的风险属性和正反两方面的力量在要素投入决策中的比较，其影响大小和方向都难以确定。

实证研究结果表明，农业保险对农业劳动力要素投入具有显著的负向影响，产业结构对这一影响效应具有显著调节效应。牧业产值占比高会加剧农业保险对农业劳动力投入的负向影响。负向影响结果表明，贵州省农业保险实施过程中具有较强的道德风险，农业保险对农业风险降低型要素投入产生了显著的替代效应。农业保险对农用化肥投入具有显著的正向影响（农用化肥属于风险中性投入要素），这说明风险属性中性的投入要素主要产生正向激励作用。

三、农业保险对贵州省农业产业集聚具有正向影响

农业产业区位分布主要受到农业区位条件和农业政策的影响，我国农

业保险具有明显的政策倾向，会改变各产业生产的比较优势，从而对地区产业布局产生影响。第四章以农业产业集聚的赫芬达尔-赫希曼指数（HHI）代表区域农业发展的专业化程度和以产业区位熵作为产业区位集聚的衡量指标进行实证检验，结果表明农业保险对赫芬达尔-赫希曼指数具有显著的正向影响，即农业保险的发展会促进农业向某一产业集中。产业结构对这一效应具有显著的调节作用，种植业产值占比具有正向调节作用，而牧业产值占比具有负向调节作用，说明当种植业产值占比更高时这种集聚趋势会更明显，而牧业占比增加时可能会抑制农业保险对农业专业化提升的影响。这可能与贵州省产业本身以向种植业集聚为主有关，集聚水平高更容易产生集聚效应。除此之外，贵州省农业保险政策也更倾向种植业。

四、农业保险对贵州省农业技术应用具有一定的促进作用

第五章考察了农业保险对农业技术应用的影响，以农业机械总动力作为农业技术应用的衡量指标，研究结果表明农业保险对农业技术具有显著的正向影响。同时考虑不同农业产业结构下，农业风险管理技术和道德风险等均存在较大的差异，对农业产业结构可能存在的调节效应进行检验，结果表明种植业产值占比将会抑制农业保险对农业技术应用的正向影响。农业产业结构对农业保险的技术促进效应具有调节作用。而牧业产值占比增加则能够进一步促进农业保险对农业技术应用的正向影响。可以看出，农业保险对牧业技术应用的正向激励要强于种植业。

第二节　政策建议

一、精准施策：充分发挥农业保险对农业产业发展的积极影响

在贵州省，农业保险一直肩负着多重政策目标。脱贫攻坚时期，其经济补偿功能得到各级政府的重视，农业保险的兜底保障作用充分发挥，成

为推动其快速发展的重要动力之一。但当时所制定的对贫困地区、贫困人口的超常规补贴支持政策，逐步引发了"贫地富保""保弱保贫"等现象和农业生产主体"等靠要"思想，并不利于农户保险意识的培养，也不利于农业生产要素的优化配置和农业产业的可持续发展。本书研究结论显示农业保险对传统农业生产要素投入、配置效率以及技术进步等许多方面表现出积极的影响，但也对农业资本深化、规模化发展产生了一些不利的影响。2021年以后，在贵州全省推进乡村振兴的新时期，在适当兼顾巩固拓展脱贫攻坚成果的同时，应更加注重农业保险的风险管理职能，匹配农业产业化、规模化发展的风险管理需求，精准施策制定助力农业产业发展的政策方向。

（1）推动特殊时期部分地区超常规农业保险扶贫政策有序退出。保障投保人"未来收入一致性"（Kraft，1996）是保险的基本职能，稳定农户收入是农业保险的应尽之义，为巩固拓展脱贫攻坚成果，严格落实"四个不摘"的要求，对脱贫易返贫和边缘易致贫户仍然应该作为乡村振兴的重点帮扶对象给予适度关怀。然而，由于农业保险对小农户长期的倾斜保护政策一定程度上维护了落后产能的持续存在，不利于农业产业规模化发展，且由于农户主动参保的积极性不高，贵州省农业保险市场化程度仍然较低。因此，建议在不过多增加帮扶对象经济负担的前提下，合理确定自缴保费比例。紧密结合乡村振兴部门关于帮扶对象收入情况的反馈，顺应国家从集中资源支持脱贫攻坚向全面推进乡村振兴过渡的要求，对收入显著提高的农户，做出及时调整，按正常比例收取保费。

（2）以风险管理需求为导向构建"基础+补充"的梯度保障层次。无论是为了兼顾农业保险收入保障与产业发展的功能，还是考虑不同主体风险管理需求，都有必要提供差异化的保障服务。具体来说，一方面，要改变目前农业保险主要面向传统小农经济的现状，更多考虑和满足企业、合作社等新型农业经营主体的农业保险需求。可以传统财政补贴的物化成本保险的保障水平为基础，对有完全成本、价格、收入等更高保险需求的农业生产主体允许增加保费以补充保障水平。另一方面,要改变低保障、广覆盖的特色农业保险无法适应现代农业高成本、高投入的生产特点的现状,提高对规模化、集约化重点农业产业的保障能力。以有效培育农户和新型农业经营主体保险意识为出发点,设置一定的特色农业保险参保"门槛",适度提高地方特色农业保险的保险金额和自缴保费比例,引导更多高投入现代化农业主体进入,运用市场手段释放先进产能,减轻保险公司应收保费负担的同时,提高特色农业保险的保障覆盖面。

(3) 树立重点服务现代山地特色高效农业发展的农业保险政策目标。农业保险在贵州省脱贫攻坚工作中发挥了重要的作用,为进一步提高农业保险发展的质量与效率打下了基础。乡村振兴新时期,随着贵州现代山地特色高效农业发展进程的不断推进,政府部门要转变思路、尊重市场、明确农业保险创新目的,引导企业因地制宜地构建农业保险产品体系,根据贵州山地自然灾害特征,充分掌握各类创新型险种的运作原理,以服务、促进贵州提升粮食自给率和发展茶叶、辣椒等优势特色农业产业为主要政策目标,协调发挥农业保险的风险管理与转移支付的职能,合理制定补贴资金预算,有针对性地制定、完善农业保险补贴政策和承保、理赔政策,更好地支持现代种养业和林下经济先进产能发展,将农业保险作为全省农业经济政策的重要组成部分进行推进。

(4) 统一并简化财政补贴政策,明确产业扶持导向。首先,按照是否有中央财政资金支持为标准将特色农业保险分为中央财政奖补险种和地方特色险种两大类,分类统一中央、省、市、县各级财政补贴比例,有效避免农业保险实际工作中出现的政策理解难、执行难、清算难等问题,提高运作效率。其次,实行有计划的特色农业保险财政补贴资金预算执行管理,引导各地将有限的预算资金投入当地规模化、现代化发展的农业产业,最大化提高资金使用效率,避免造成财政资源浪费。最后,为扶持重点区域重点产业,可参照取消产粮大县三大粮食作物农业保险保费县级补贴政策,降低或取消县级财政补贴比例，避免因地方财政困难限制当地农业保险作用的发挥。

二、因地制宜：持续优化完善多层次农业保险体系

虽然贵州省已初步搭建了多层次保费补贴政策体系和立体化农业保险产品体系，为农业保险高质量发展奠定了一定的基础，但从目前贵州省农业保险的密度、深度仍偏低的角度看，农业保险对农业产业发展的保障和促进作用有待进一步发挥，目前的农业保险体系难以适应以农业农村现代化为目标的乡村振兴对农业保险的需求。主要表现在，虽然目前的农业保险体系在补贴政策上构建了多个层次，在产品结构上形成了立体化结构，但实际部分险种保费规模占比过小，农业保险费率制定缺乏科学的技术依据，各地区产品设计的自主创新动力与能力不足，这些都需要有明确的完善方向。

（1）明确不同层次补贴政策在乡村振兴中应发挥的作用。目前贵州省的政策性农业保险大致分为中央财政补贴险种和不含中央财政补贴的地方特色险种，同时还有商业性险种作为补充。要更好地发挥补贴政策及对应险种的作用，首先要明确不同政策、不同险种在促进农业产业发展中应发挥的作用，从而才能有的放矢地优化政策和产品，实现促进农业经济发展的政策目标。中央财政补贴型险种的保险标的是关系国计民生的粮油糖作物和生产肉奶产品的重要牲畜，在巩固脱贫攻坚成果、助力乡村振兴中发挥着稳定农业发展基础的作用。地方特色险种的保险标的是辣椒、茶叶、中药材等具有典型贵州特点的优势特色农业产业，该险种在乡村振兴进程中应发挥促进地方优势特色产业向集约化、规模化、现代化发展，扶持地方特色产业做大做强，拓宽农民增收渠道的作用。而在目前贵州财政压力较大的现实情况下，商业性险种则应作为政策性险种的补充，提高农业保险保障水平，有效应对大灾风险，满足各类农业生产主体不断增长的保险需求。

（2）加速推进农业保险风险区划建设，为各地区合理制定差异化保险费率提供科学依据。农业保险风险区划是农业保险产品设计的技术基础，不同地区的农业保险责任应当与当地的农业生产力水平和风险状况相适应（丁少群，2009）。《关于加快农业保险高质量发展的指导意见》提出，"要加强农业保险风险区划研究"，据此建立费率动态调整机制，实现基于地区风险的差异化定价。2020中国农业科学院研究团队首次发布《中国农业生产风险区划地图册》，是农业保险风险区划工作的第一步，但风险区划不仅应该只包括农业生产风险区划，还应该包括农业保险费率区划（王季薇等，2016），后者才是农业保险风险区划具有适用性的前提。贵州省东西气候差距大，农业风险区划工作开展进程缓慢，仅使用《中国农业生产风险区划地图册》作为参考，其发布的宏观数据并不能直接指导保险公司的定价工作，在农业保险设计的实际工作中并未得到推广，保险公司依然只能根据自身在承办地区收集的以往年度的农业产业分布、气候特征制定的风险地图和历史承保理赔数据来拟定费率，对于未经营过的新产品则依据类似产品或者其他省份经营经验予以估判，然后在实践中不断调整修正。这种经验法固然有用，但是合理费率的形成历时较长，也不利于监管，贵州省应当加快推进各地区保险业务分析、分区定价方案和风险防范对策的研究，促进农业保险风险区划的关键性工作取得实质性的进展。

（3）建立农业保险保额与费率动态调整机制。2021年5月，中国人民银行等六部门联合印发《关于金融支持新型农业经营主体发展的意见》。意见强调要"结合农业产业结构调整、生产成本变动以及农业保险风险区划和农业生产风险地图，加快建立农业保险保障水平动态调整机制与保险费率拟订和动态调整机制"。农险保障水平和费率的动态调整机制，是政策性农业保险制度的重要组成部分，也是政策性农业保险制度健康和有效运行的保证之一。贵州省目前需要着力研究制定全省农业保险险种目录，对每年主要农产品生产成本、产量测定、销售价格和盈利情况等进行系统性梳理和整理，根据险种类型、保障水平和保险标的不同，制定单位保险金额区间；运用气象数据和不同险种历史经营数据，做好风险评估和精算定价指导，以使费率水平能够真实反映农业生产风险状况，并根据气候变化、生产技术进步和农业发展政策等风险状况的改变，逐年对费率进行动态调整。这有利于推动农业保险更加精准地发挥大数法则效用，提高工作成效；也有利于统一保险行业产品标准，避免不同保险公司同险种产品设计的差异化产生恶性竞争和侵犯消费者权益等现象。除此之外，贵州省农业保险工作小组需加强农业保险数据的积累、共享和利用，加快完善"贵州省农业保险信息服务综合平台"功能，除优化承保理赔数据传输提高补贴清算效率外，还要协调农业农村、林业、气象、发改等目标完善农产品价格、区域气象、灾害预警等农业信息的共享和推送机制，为政府部门、承办机构提供相对完整的数据资源，为农业保险保额和费率动态调整机制的建立提供支撑，提高农业保险发展质量。

（4）明确特色农业保险创新目的。创新固然重要，但创新要以目标为导向：一是为了更好地满足政府的产业发展需求和农户的风险管理需求；二是为了提高农业保险的服务效率，降低保险公司的运营成本；三是探索更适合地方农业保险政策体系和经营模式的产品体系。除此之外，笔者认为研发更符合当地农业发展现状和地理气候特征的产品也是开展特色农业保险创新的主要目标之一。因此，基于地方特色农业产业繁多和自然灾害多变的实际，在特色农业保险产品创新过程中，政府和保险公司要充分掌握各类产品的运作原理，对哪些风险是可保风险但处于保障空白，哪些农产品适合开展价格指数保险和气象指数保险，哪些地区适合创新区域产量保险和收入保险，"保险+期货"是否值得推广，设施、农机、仓储等保险是否符合现行农业保险政策规定等有严谨的论证，并做出准确的决策，避免造成盲目性和人力物力的浪费。

（5）优化财政补贴资金管理，提高保费划拨效率。近年来，虽然贵州省农业保险实现了较快的发展，财政补贴政策也随之进行了不断的优化和完善，但脱贫攻坚时期各级财政补贴资金不能及时足额由县级财政拨付到位，使承保主体产生了巨额的应收保费，影响了保险公司的现金流和经营情况。这不利于全省农业保险的健康、高质量发展，是需要长期重视且急需解决的关键问题。2021年以来，贵州省优化调整了财政补贴资金的划拨机制，已实现中央和省级财政补贴资金由省级财政直接划拨至承保机构省级公司，市级补贴资金由市级财政直接划拨至承保机构市级公司。这在很大程度上保证了当期大部分农业保险保费补贴资金的及时划拨。但县级财政配套补贴部分和历史未拨付部分资金仍然未得到有效的监管，且随着财政状况的恶化实际财政配套资金也有可能出现无法足额划拨的可能。因此，要进一步制定完善农业保险补贴资金划拨政策，加快建立健全政策性农业保险保费补贴拨付督促机制，继续优化中央和省级财政资金的划拨渠道，持续对政策性农业保险市、县两级配套资金预算安排及保费补贴资金划拨情况进行跟踪，实行农业保险应收保费逾期一年以上的预警机制，切实提高农业保险保费补贴资金管理水平，并直接对拖欠保费时间较长的市、县进行督导、问责。

三、创新合作：推动产品创新与农业保险金融协同发展

农业保险除发挥自身风险分散、经济补偿等职能，促进农业产业发展外，还可拓展其衍生作用，方向包括产品创新、服务拓展、金融协同等。这里的金融协同主要是金融内部协调发展，主要包括金融组织、金融市场、金融监管、金融工具、金融制度等方面的协调。通过加强金融协同，可以缓解农户融资约束，促进投资型农业金融服务增长。当前，我国农业保险已经初步建立了金融协同发展的理念。从2008年开始，国家相继出台了《关于加快推进农村金融产品和服务方式创新的意见》《关于加强涉农信贷与涉农保险合作的意见》等政策意见。贵州省也不断推动保险公司与涉农信贷机构的合作，产生了如"政融保""政银保"等银行、保险公司、担保公司互动合作的模式。2020年起开始试点推动的"保险+期货"金融合作创新模式，经过3年左右的发展，也取得了一定的工作成效。

（1）推动涉农保险政策化发展。产品创新可以对农资投入风险进行保障，以降低农资投入风险来促进投资。2013年，《农业保险条例》规定农业保险以外、为农民在农业生产生活中提供风险保障的保险，包括农房、农机具、渔船等财产保险，涉及农民的生命和身体等方面的短期意外伤害保险均为涉农保险。其中，农房、农机具、渔船作为重要的农业生产资料，目前属于财产保险范畴，并未纳入政策性农业保险保障范围。《关于加快农业保险高质量发展的指导意见》明确提出"拓宽农业保险服务领域，要探索开展一揽子综合险，将农机大棚、农房仓库等农业生产设施设备纳入保障范围；创新开展环境污染责任险、农产品质量险；支持开展农民短期意外伤害险"，明确了除传统的种养林保险外，还应将与农业生产紧密相关的涉农保险纳入农业保险的范畴，构建保险全面促进农业产业发展的发展格局。因此，贵州可探索推动将重要农业生产资料和农产品质量保证等纳入农业保险的风险保障政策，通过给予一定的政策支持，促进农业机械化、现代化发展，打造农业全产业链保险，有利于农业技术效率和农产品市场竞争力的提升。

（2）加强农业保险与险资投融资业务的融合发展。基于金融服务拓展，可以发掘保险公司作为金融企业的融资功能，运用险资为农业发展直接提供资金来源。我国对保险资金投资运用的管理规定较为严格。农业是"三农"问题的核心，是国家鼓励投资的范围，但农业生产风险较大，保险公司直接投资农业产业发展或者作为普惠金融给予农业低息贷款等，一直持比较审慎的态度。目前，中国银保监会仅批复同意中国人民保险集团运用险资开展支农支小融资业务试点，全国的试点规模上限为250亿元。实际上，农业保险的运营使保险公司积累了大量经验数据，可以更好地评估农业产业项目和企业的经营风险，优选好的项目通过自己的投资公司进行直接投资或为小微、涉农企业提供低息融资。因此，人保贵州分公司可进一步提高信贷融资的专业化水平，依托多年深耕农村业务积累的经验和数据优势，融合推动农业保险和支农融资业务发展，有效拓展农业保险的资金融通功能，促进各类农业经济主体发展。

（3）推广收入保险模式下的"保险+期货"。由于期货市场具有准入门槛，贵州省农户资本金少，相关专业知识缺乏，小农户参与期货市场能力不足。"保险+期货"可以将小农户保单所交保费集中起来参与期货市场，同时可以通过保费补贴减轻农户的资金投入负担，从而为农户参与期货市场提供平台，促进农业期货市场的繁荣。期货市场具有价格发现、价格稳定、促进农业贸易形成的作用，是现代化农业的重要交易市场，期货市场的繁荣可以整体上惠及农业发展，从而提升要素的投入。我国农业期货价格保险已经运行多年，但险种较少，保障水平不高，应将先进国家、地区的历史经验与贵州省农业实际充分结合，推动"保价格，保收入"转型取得实质进展。到2022年，贵州省包括鸡蛋、生猪、畜禽饲料在内的农产品期货价格保险已得到了农业龙头企业的青睐，发展趋势较好，但仍未开展收入类"保险+期货"的试点。而在东部省份，农产品的期货收入保险金融创新模式已充分试点。收入类"保险+期货"可以同时保障自然灾害风险带来的产量损失风险与市场波动带来的价格损失，为农户提供较为全面的保障。这一险种将为农户提供更高水平的收入保障和更强的增信能力，给农业资本投资提供更有力的支持，是贵州省下一步推动"保险+期货"服务模式创新的重点方向。

（4）优化保险与银行协同机制。在"银行+保险"的模式下，保险在农业方面的增信服务主要有以下两个途径：一是农业保险的保单质押功能。农户在购买农业保险以后，可以将保单质押给信贷机构。保单提供的最低收入保障，能降低农户的被动违约风险，提高贷款的能力和水平。二是保险公司开办的涉农贷款保证保险服务，即保险公司为其客户提供农业贷款违约保险。若灾害事故发生，贷款人违约，银行可以直接从保险公司获得贷款返还，能降低不良信贷风险发生的概率。保单质押尽管可以在一定程度上降低农户违约风险，但是农业保险保单与寿险不同，其不具备现金价值，一份保险通常仅能够保障部分风险而非全部风险，农户还是可能遭遇未投保风险而受到损失，银行无法判断能够为农户提供的贷款额度。因此，进一步拓展农业风险保障范围，提高农户风险保障水平，是贵州省为农业投资争取贷款额度的有效途径。涉农贷款保证保险是保证保险业务，不属于农业保险范畴，没有相应保费政策补贴，这相当于是将银行贷款风险转移给保险公司，因此与农户银行贷款难一样的道理，涉农贷款也保证保险业务开展得顺畅。除此之外，涉农贷款保险目前是由银行、保险公司和担保公司等多家机构协作的金融创新产品，由于涉及机构较多，程序繁杂，更加剧了这一业务的经营难度。因而，简化流程，将涉农贷款纳入政策性农业保险范畴，给予一定政策支持或保费补贴，有利于通过保险机制缓解农户融资困难。2022年，农业农村部下发《关于推进农业经营主体信贷直通车常态化服务的通知》，目的是打通银行和保险公司内部系统的数据共享通道，简化"银行+保险"合作流程，提高农业生产主体的涉农贷款可及性，目前在贵州省由中国工商银行和中国人民财产保险公司合作开展试点。

四、加强建设：提升技术支持和组织管理能力

理论上来看，保险公司作为专业的农业风险管理机构，在农业保险的组织运营过程中，会对农业生产部门产生一定的风险防范知识、管理技术或信息数据等方面的溢出效应，因此优化农业保险组织结构，提高基层人员农业风险管理技术能力与服务水平，加强相关机构及组织部门资源共享，提升保险公司自身科技和信息化建设水平，都有利于进一步提升农业保险对农业生产技术效率的影响。

（1）优化农业保险组织结构，提升基层服务能力。在"政府引导+市场运作"的模式下，为了充分发挥各种类型组织机构的优势，强化市场结构的竞争性，我国允许并鼓励多种经营机构同时发展。目前，贵州省农业保险承办机构依然以大型综合性商业保险公司为主，曾经专业化的农业保

公司仅有国元农险也开始经营其他商业性车险和非车险业务。在这些商业保险公司中，农业保险与其他商业保险一样统一进行经营考核管理。这种情况导致两种结果：一是由于农业保险与一般商业保险存在较大的区别，专业性较强，需要耗费的人力和时间也较多，保险公司对农业保险理赔配备的人力物力与其他商业险平均水平一致，所以工作效率不高；二是将农业保险与其他业务并不做区分，在考核时除对业务规模有明确要求外，还需要农业保险业务为保险公司提供较高利润，这样会导致保险公司为达到利润考核目标在产品设计和理赔处理上进行管控，农业保险促进产业发展的作用会受到一定的限制。为此，应当加大力度鼓励发展专业化的农业保险机构和合作互助组织，以充分发挥其专业化优势。综合性保险公司应当成立农业保险事业部，将农业保险与一般商业保险进行区分，更加重视农业保险的社会效应和提高组织人员配置数量，配备专业人员进行风险管理技术服务和指导，提升农户满意度、理赔时效和合规水平，充分发挥农业保险对农业经济发展的促进作用。

（2）加快价格采集和产量预测技术体系建设。从西方农业保险发展史和国家农业保险政策来看，农业保险由"保成本"的初级阶段向"保价格"的过渡阶段发展和"保收入"的高级阶段创新升级已成为必然趋势。近两年，贵州省内以规模化生猪、家禽养殖龙头企业为代表农业龙头企业对农产品的价格指数保险提出了强烈的需求，同时随着保障"粮食安全"水稻、油菜等粮油作物种植推动力度的加大，产量和收入保险的需求也随之增加。要使农产价格指数、产量、收入保险在满足市场需求的同时，能够符合农产品市场波动和产出情况实际，急需在各地区建立粮油作物、主要优势特色农产品的市场价格采集和发布体系，并针对区域内集中连片生产的大宗农产品制定科学的测产办法和机制，实现价格指数保险、产量保险和收入保险的赔款计算能较真实地反映保险标的遭受的实际损失，统筹保障农户和保险公司的利益，为促进农业保险的全面精细化、指数化提供支撑。

（3）加强农业保险科技赋能推广应用。随着新一代科技革命的不断深入，科技赋能可以极大地提升农业保险风险管理的专业水平，无人机、遥感技术等的使用在提高种植险承保理赔精准度，提高工作效率的同时，降低了道德风险发生的可能性；AI智能点数、一拍知长（短）、猪（牛）脸识别等技术的推广应用，在满足畜牧业对公共卫生和畜禽疾病管控要求的同时，能为长期无法解决的不足量承保问题提供解决思路；这些新兴信息科技还有效节省了核保理赔的人工成本，提升保险公司的灾情监测和数据采集能力。但目前，对于已经成熟的无人机、卫星遥感的技术，由于保险公司综合成本的考虑和专业技术人员的缺乏，要么没有配置专业设备，要么设备闲置，使用效率低下；对于在农业生产领域仍不够成熟的AI技术，因使用成本过高，精准度不足等，无法得到农业农村部门和农业生产主体的认可，保险公司也不愿意花费太多成本进行尝试。为此，建议贵州省内各地区农业农村部门应作为农业保险科技赋能的牵头单位，主动加强宣传和引导，对先进科技实践案例编辑成册进行推广，积极引进技术领先的科技专业团队提供技术支持、进行培训指导，并将保险公司科技使用率提升作为主要考核评价指标之一，激励、督促保险公司积极购买先进信息技术，对农业保险科技赋能做出更多有益尝试。

（4）充分发挥农业林业基层职能单位功能提高服务水平。在农业保险的实际工作中，在农村开展承保理赔具体工作时，仅依靠各承办机构的基层工作人员，某些情况下会出现难以获得农户信任、信息资料收集错误、查勘定损缺乏专业技术支持等问题，需要农业和林业基层职能单位农业林业职能积极协助开展农业保险的投保、勘查、理赔等工作，在本辖区开展保险知识、补贴政策和保险条款宣传，与承保机构联合做好防灾防损等。同时还需加强对农业保险承保理赔工作的技术支持，协调贵州省农科院、贵州大学等科研院所，组建贵州省农业保险农业技术专家库，由承保机构根据需要聘请专家给予技术指导，协同提高农业保险的服务水平。除此之外，由于贵州农村"土地经营权"的评估、抵押、转让、交易等环节的数据"信息孤岛"仍未有效解决，农业和林业基层职能单位在原有农业保险工作职能职责的基础上，可增加"负责对村集体经济组织、新型农业经营主体、农户对农村土地承包经营权、林权、集体建设用地使用权等农村资源要素摸底评估统计"职能。一方面，能够提高农业保险承保理赔数据、资料的真实性、完整性；另一方面，有助于加快农村土地资源要素确权认证，林权、集体建设用地使用权确权颁证，促进农业农村优先发展。

【本章小结】

本章总结了全书理论与实证研究的重要结论，并结合贵州省农业产业发展要求和农业保险改革方向提出相关政策建议，主要内容如下：

（1）农业保险对农业投入产出、产业布局和技术应用等都能产生一定的积极效应，但也存在一些负面影响。

（2）为了更好地发挥农业保险的积极作用，弥补消极效应带来的不利影响，本书建议从精准施策、因地制宜、合作创新、加强服务管理建设几个方面推进贵州省农业保险向高质量发展转型。

参考文献

[1] 蔡超，孙倩. 河北省农业保险促进农业产出的实证分析[J]. 特区经济，2014（2）.

[2] 蔡昉，林毅夫，张晓山，等. 改革开放40年与中国经济发展[J]. 经济学动态，2018（8）.

[3] 陈俊聪，王怀明，张瑾. 农业保险发展与中国农业全要素生产率增长研究[J]. 农村经济，2016（3）.

[4] 陈俊聪，王怀明. 农业保险与农业面源污染：影响因素及其度量——基于联立方程组模型的情景模拟[J]. 上海财经大学学报，2015，17（5）.

[5] 陈锡文. 中国政府支农资金使用与管理体制改革研究[M]. 太原：山西经济出版社，2004.

[6] 陈永伟，胡伟民. 价格扭曲、要素错配和效率损失：理论和应用[J]. 经济学（季刊）. 2011，10（4）.

[7] 陈焱. 效用理论在保险中的应用[J]. 科学技术与工程，2009，9（12）.

[8] 程巍. 农业保险市场中政府行为及其优化研究[D]. 哈尔滨：东北农业大学，2020.

[9] 邓宗兵. 中国农业全要素生产率增长及影响因素研究[D]. 重庆：西南大学，2010.

[10] 杜江，王锐，王新华. 环境全要素生产率与农业增长：基于DEA-GML指数与面板Tobit模型的两阶段分析[J]. 中国农村经济，2016（3）.

[11] 杜林丰，周玲. 普惠金融、绿色金融与智能金融协同效应研究[J]. 新

金融，2021（8）.

[12] 丁宇刚，孙祁祥. 农业保险可以减轻自然灾害对农业经济的负面影响吗?[J]. 财经理论与实践，2021，42（2）.

[13] 方杰，温忠麟，张敏强，等. 基于结构方程模型的多重中介效应分析[J]. 心理科学，2014，37（3）.

[14] 冯海发. 农业结构应注意的几个基本问题[J]. 农业经济问题，2001（7）.

[15] 冯文丽. 我国农业保险市场失灵与制度供给[J]. 金融研究，2004（4）.

[16] 冯文丽，董经纬. 农业保险功效研究[J]. 浙江金融，2007（5）.

[17] 冯文丽，苏晓鹏. 农业保险助推乡村振兴战略实施的制度约束与改革[J]. 农业经济问题，2020（4）.

[18] 高辰颖. 资本、劳动力、土地配置的结构效率分析[J]. 新疆师范大学学报（哲学社会科学版），2020，41（5）.

[19] 公茂刚，李汉瑾. 中国农业补贴政策效果及优化[J]. 学术交流，2022（3）.

[20] 郭轲. 兼业视角下河北省退耕农户生产要素配置行为：动态演变及其驱动因素[D]. 北京：北京林业大学，2016.

[21] 郭江华，齐灶娥. 乡村振兴战略下多层次农业保险体系：内涵与构建[J]. 农业经济，2020（11）.

[22] 郭海红，刘新民. 中国农业绿色全要素生产率时空演变[J]. 中国管理科学，2020，28（9）.

[23] 郭玉清，孙希芳，何杨. 地方财政杠杆的激励机制、增长绩效与调整取向研究[J]. 经济研究，2017，52（6）.

[24] 甘满堂. 农民工改变中国[M]. 北京：社会科学文献出版社，2011.

[25] 蒋永穆. 中国农村金融改革 40 年：历史进程与基本经验[J]. 农村经济，2018（12）.

[26] 龚锐，谢黎，王亚飞. 农业高质量发展与新型城镇化的互动机理及实证检验[J]. 改革，2020（7）.

[27] 郝爱民. 农业生产性服务业对农业的影响——基于省级面板数据的研究[J]. 财贸经济, 2011（7）.

[28] 韩玉萍. 农业产业结构演进特征形成研究[D]. 重庆：西南大学, 2015.

[29] 贺晓宇, 沈坤荣. 现代化经济体系、全要素生产率与高质量发展[J]. 上海经济研究, 2018（6）.

[30] 黄达, 刘宏儒, 张肖. 中国金融百科全书[M]. 北京：经济管理出版社, 1990.

[31] 黄公安. 农业保险的理论及其组织[M]. 上海：商务出版社, 1936.

[32] 黄颖, 吕德宏. 农业保险、要素配置与农民收入[J]. 华南农业大学学报（社会科学版）, 2021, 20（2）.

[33] 江生忠, 李立达. 完全成本保险对农业经济以及社会福利的影响分析[J]. 保险研究, 2021,（7）.

[34] 姜万军. 最优宏观农业风险管理理论及应用研究[D]. 北京：中国人民大学, 1997.

[35] 纪成君, 夏怀明. 我国农业绿色全要素生产率的区域差异与收敛性分析[J]. 中国农业资源与区划, 2020, 41（12）.

[36] 蒋欣. 退耕还林工程对农户生产要素配置及收入影响研究[D]. 北京：北京林业大学, 2021.

[37] 孔祥智, 周振. 我国农村要素市场化配置改革历程、基本经验与深化路径[J]. 改革, 2020（7）.

[38] 孔祥智. 改革开放以来国家与农民关系的变化：基于权益视角[J]. 中国人民大学学报, 2018, 32（3）.

[39] 雷绍海, 秦佳虹, 王成军. 中国农业资源错配的测算、时空演变特征及影响因素分析[J]. 中国农业资源与区划, 2022, 43（8）.

[40] 李丹, 庹国柱, 龙文军. 农业风险与农业保险[M]. 北京：高等教育出版社, 2017.

[41] 李琴英, 常慧, 唐华仓. 农业保险、农业全要素生产率与农业产出的

| 165

协同效应[J]. 河南农业大学学报, 2021, 48 (3).

[42] 李琴英. 构建多层次农业保险及其风险分散机制[J]. 中国保险, 2007 (4).

[43] 李谷成, 范丽霞, 冯中朝. 资本积累、制度变迁与农业增长——对1978~2011年中国农业增长与资本存量的实证估计[J]. 管理世界, 2014 (5).

[44] 李谷成. 中国农业的绿色生产率革命: 1978—2008年[J]. 经济学 (季刊), 2014, 13 (2).

[45] 李健旋. 农村金融发展与农业绿色全要素生产率提升研究[J]. 管理评论, 2021, 33 (3).

[46] 李林杰, 顾六宝. 风险防范与化解: 政府推进农业产业结构调整的进一步思考[J]. 社会科学辑刊, 2003 (6).

[47] 李梅华, 刘冬姣, 卯寅. 农业保险与农业资源优化配置[J]. 中国保险, 2022 (1).

[48] 李明文. 要素禀赋、结构升级与农业全要素生产率提升[D]. 沈阳: 沈阳农业大学, 2020.

[49] 李旭, 王晓燕. 贵州省粮食产业发展现状及问题研究[J]. 粮食问题研究, 2022 (4).

[50] 李燕, 成德宁, 李朋. 农业保险促进了农业绿色生产率提高吗[J]. 贵州财经大学学报, 2018 (6).

[51] 李轶男. 我国农业保险利益关系研究[D]. 济南: 山东大学, 2012.

[52] 刘杰, 张长征. 对农业保险推动农业结构调整的思考与探索[J]. 金融与经济, 2004 (11).

[53] 刘蔚, 孙蓉. 农险财政补贴影响农户行为及种植结构的传导机制——基于保费补贴前后全国面板数据比较分析[J]. 保险研究, 2016 (7).

[54] 刘科冕, 寇亚明. 充分发挥农业保险在四川现代农业建设中的作用[J]. 西南金融, 2007 (10).

[55] 刘飞, 李红艳, 龚承刚. 农业保险对农业产出的影响效应及异质性因

素——基于河南省地级市的实证[J]. 统计与决策，2020，36（21）.

[56] 刘伟，张辉. 中国经济增长中的产业结构变迁和技术进步[J]. 经济研究，2008，43（11）.

[57] 刘敏. 农机投入对农业绿色全要素生产率的影响及门槛效应研究[D]. 长春：吉林农业大学，2020.

[58] 刘慧. 中国农业资源配置现状研究[J]. 资源科学，1998（5）.

[59] 卢华，胡浩，耿献辉. 农业社会化服务对农业技术效率的影响[J]. 中南财经政法大学学报，2020（6）.

[60] 罗浩轩. 中国农业资本深化对农业经济影响的实证研究[J]. 农业经济问题，2013，34（9）.

[61] 马九杰，杨晨，崔恒瑜，等. 农业保险的环境效应及影响机制——从中国化肥面源污染视角的考察[J]. 保险研究，2021（9）.

[62] 马述忠，刘梦恒. 农业保险促进农业生产率了吗？——基于中国省际面板数据的实证检验[J]. 浙江大学学报（人文社会科学版），2016，46（6）.

[63] 聂荣，闫宇光，王新兰. 政策性农业保险福利绩效研究——基于辽宁省微观数据的证据[J]. 农业技术经济，2013（4）.

[64] 彭超. 我国农业补贴基本框架、政策绩效与动能转换方向[J]. 理论探索，2017（3）.

[65] 普蒉喆，钟钰. 当前我国粮食支持政策改革研究[J]. 理论学刊，2021（6）.

[66] 丘世忠. 构建政策性农业保险制度的思考[J]. 南方经济，2005（11）.

[67] 任天驰，杨汭华. 小农户衔接现代农业生产：农业保险的要素配置作用——来自第三次全国农业普查的微观证据[J]. 财经科学，2020（7）.

[68] 尚欣. 可持续发展理论体系及其制度建设[J]. 经济纵横，2004（增刊）.

[69] 尚欣. 吉林省农业产业结构优化及仿生学分析[D]. 长春：吉林大学，

2007.

[70] 施红. 生猪保险对农户收入的稳定效应研究[J]. 浙江大学学报（人文社会科学版），2016，46（2）.

[71] 邵全权，郭梦莹. 发展农业保险能促进农业经济增长吗?[J]. 经济学动态，2020（2）.

[72] 史常亮，占鹏，朱俊峰. 土地流转、要素配置与农业生产效率改进[J]. 中国土地科学，2020，34（3）.

[73] 庹国柱. 重视和加强对农业保险的研究[J]. 农业经济问题，1987（9）.

[74] 庹国柱，张峭. 论我国农业保险的政策目标[J]. 保险研究，2018（7）.

[75] 庹国柱. 设计并完善省级经营模式促农险大发展（上）[N]. 中国保险报，2016-03-17（6）.

[76] 庹国柱. 建立农险保障水平和费率动态调整机制[N]. 中国银行保险报，2021-06-24（2）.

[77] 唐金成. 论建立有中国特色的政策性农业保险制度[J]. 金融理论与实践，2005（9）.

[78] 涂圣伟. 我国农业要素投入结构与配置效率变化研究[J]. 宏观经济研究，2017（12）.

[79] 汤颖梅，徐涛. 规模异质性视角下天气指数保险与农户的技术选择偏好——基于田野经济学实验方法[J]. 保险研究，2021（8）.

[80] 田丽. 陕西农产品生产经营中农业保险支持问题研究[D]. 西安：西北大学，2012.

[81] 王向楠. 农业贷款、农业保险对农业产出的影响——来自2004~2009年中国地级单位的证据[J]. 中国农村经济，2011（10）.

[82] 王兰，许玉龙. 农业金融名词词语汇释[M]. 北京：中国金融出版社，1991.

[83] 王智慧. 发展经济学基本理论比较研究[M]. 北京：中国社会科学出版社，2017.

[84] 王克响，万吉丽，张霞，等. 技术进步、生产规模与农业经济增长——基于空间计量模型的实证研究[J]. 山东农业科学，2021，53（7）.

[85] 王克，何小伟，肖宇谷，等. 农业保险保障水平的影响因素及提升策略[J]. 中国农村经济，2018（7）.

[86] 王国军. 新型农业经营主体农业保险的需求与供给[J]. 中国保险，2018（2）.

[87] 王璐，杨汝岱，吴比. 中国农户农业生产全要素生产率研究[J]. 管理世界，2020，36（12）.

[88] 王兰，许玉龙. 农业金融名词词语汇释[M]. 北京：中国金融出版社，1991.

[89] 威廉·配第. 政治算术[M]. 北京：商务印书馆，2014.

[90] 温忠麟，叶宝娟. 中介效应分析：方法和模型发展[J]. 心理科学进展，2014，22（5）.

[91] 温鸿飞. 关于农业保险影响农业经济的理论分析与实证研究[D]. 济南：山东大学，2016.

[92] 吴国松，姚升. 要素市场扭曲下农业绿色全要素生产率测度及效应研究[J]. 生态经济，2021，37（1）.

[93] 吴玉鸣. 中国区域农业生产要素的投入产出弹性测算——基于空间计量经济模型的实证[J]. 中国农村经济，2010（6）.

[94] 西蒙·史密斯·库兹涅茨. 各国的经济增长[M]. 北京：商务印书馆，2005.

[95] 西蒙·史密斯·库兹涅茨. 现代经济增长[M]. 北京：北京经济学院出版社，1989.

[96] 夏益国，谢凤杰，周丽. 美国农业安全网政策保险化：表现、动因与启示[J]. 保险研究，2019（11）.

[97] 谢小凤. 农业生产性服务业对农业生产的影响研究[D]. 广州：华南农业大学，2016.

[98] 熊德平. 市场经济条件下农业产业结构调整的本质意义和政府的职能[J]. 农业经济, 2000（10）.

[99] 徐杰. 基于要素配置效率改进的东北地区产业结构优化研究[D]. 长春：吉林大学, 2021.

[100] 徐斌, 孙蓉. 粮食安全背景下农业保险对农户生产行为的影响效应——基于粮食主产区微观数据的实证研究[J]. 财经科学, 2016（6）.

[101] 徐善长. 生产要素市场化与经济体制改革[M]. 北京：人民出版社, 2005.

[102] 杨瑞珍, 陈印军, 尹昌斌, 等. 我国农业结构调整的四大方略[J]. 中国农业资源与区划, 2002, 23（5）.

[103] 姚开建. 经济学说史[M]. 2版. 北京：中国人民大学出版社, 2011.

[104] 姚战琪. 生产率增长与要素再配置效应：中国的经验研究[J]. 经济研究, 2009, 44（11）.

[105] 于光远. "十字形大农业"小议[J]. 农业经济问题, 1982（6）.

[106] 袁辉, 谭迪. 政策性农业保险对农业产出的影响效应分析——以湖北省为例[J]. 农村经济, 2017（9）.

[107] 约翰·霍夫曼. 工业化的阶段和类型[M]. 上海：复旦大学出版社, 2003.

[108] 赵亮, 张宁宁, 张峭. 风险预期的农业投入-产出均衡及对收入稳定性的影响——基于Lyaponof稳定性定理[J]. 中国农业大学学报, 2015, 20（1）.

[109] 张跃华, 史清华, 顾海英. 农业保险对农民、国家的福利影响及实证研究——来自上海农业保险的证据[J]. 制度经济学研究, 2006（2）.

[110] 张卓, 李秉坤, 尹航. 我国政策性农业保险对农业产出规模的挤出效应——基于干预-控制框架DID模型的分析[J]. 商业研究, 2019（8）.

[111] 张哲晰, 穆月英, 侯玲玲. 参加农业保险能优化要素配置吗？——农户投保行为内生化的生产效应分析[J]. 中国农村经济, 2018（10）.

[112] 张洪涛. 保险学[M]. 4版. 北京：中国人民大学出版社，2014.

[113] 曾福生，郭珍. 不完全市场与农业发展方式的转变[J]. 农村经济，2012（5）.

[114] 曾玉珍，穆月英. 农业风险分类及风险管理工具适用性分析[J]. 经济经纬，2011（2）.

[115] 郑宏运，李谷成，周晓时. 要素错配与中国农业产出损失[J]. 南京农业大学学报（社会科学版），2019，19（5）.

[116] 宗国富，周文杰. 农业保险对农户生产行为影响研究[J]. 保险研究，2014（4）.

[117] 周稳海，赵桂玲，尹成远. 农业保险对农业生产影响效应的实证研究——基于河北省面板数据和动态差分GMM模型[J]. 保险研究，2015（5）.

[118] 周振，伍振军，孔祥智. 中国农村资金净流出的机理、规模与趋势：1978~2012年[J]. 管理世界，2015（1）.

[119] 朱喜，史清华，盖庆恩. 要素配置扭曲与农业全要素生产率[J]. 经济研究，2011，46（5）.

[120] 左斐，徐璋勇. 农作物保险对产出的影响：理论框架，研究现状与展望[J]. 保险研究，2019（6）.

[121] 张小东，孙蓉. 农业保险对农民收入影响的区域差异分析——基于面板数据聚类分析[J]. 保险研究，2015（6）.

[122] 张卓. 中国政策性农业保险市场的弱态均衡[D]. 大连：东北财经大学，2019.

[123] AHMED N, HAMID Z, MAHBOOB F, et al. Causal linkage among agricultural insurance, air pollution, and agricultural green total factor productivity in united states: pairwise granger causality approach[J]. Agriculture-Basel, 2022, 12(9).

[124] AHSAN S M, KURIAN A. Toward a theory of agricultural insurance[J].

American Journal of Agricultural Economics, 1982, 64(3).

[125] AIGNER J, CHU S F. On estimating the industry production function[J]. American economic review, 1968,13.

[126] ANNAN F, SCHLENKER W. Federal crop insurance and the disincentive to adapt to extreme heat[J]. The American Economic Review, 2015, 105(5).

[127] AOKI S. A simple accounting framework for the effect of resource misallocation on aggregate productivity[J]. Journal of the Japanese & International Economies,2012,26(4).

[128] BARON R M, KENNY D A. The moderator-mediator variable distinction in social psychological research: conceptual, strategic, and statistical considerations[J]. Journal of Personality and Social Psychology, 1986, 51(6).

[129] BATTESE G E, COELLI T J. Frontier production functions, technical efficiency and panel data: with application to paddy farmers in india[J]. Journal of Productivity Analysis, 1992(3).

[130] BIRTHAL P S, HAZRANA J, NEGI D S, et al. Assessing benefits of crop insurance vis-a-vis irrigation in Indian agriculture[J]. Food Policy, 2022, 112.

[131] BRICK K I, VISSER M. Risk preferences, technology adoption and insurance uptake: a framed experiment[J]. Journal of Economic Behavior & Organization, 2015, 118(10).

[132] CHAMBERS R G. Insurability and moral hazard in agricultural insurance markets[J]. American Journal of Agricultural Economics, 1989, 71(3).

[133] DI FALCO S, ADINOLFI F, BOZZOLA M, et al. Crop insurance as a strategy for adapting to climate change[J]. Journal of Agricultural Economics, 2014, 65(2).

[134] GLAUBER J W, COLLINS K J, BARRY P J. Crop insurance, disaster assistance, and the role of the federal government in providing catastrophic risk protection[J]. Agricultural Finance Review, 2002, 62(2).

[135] GOODWIN B K, VANDEVEER M L, DEAL J L. An empirical analysis of acreage effects of participation in the federal crop insurance program[J]. American Journal of Agricultural Economics, 2004, 86(4).

[136] GOODWIN B K, SMITH V H. What harm is done by subsidizing crop insurance?[J]. American Journal of Agricultural Economics, 2013, 95(2).

[137] HANSEN B E. Inference when a nuisance parameter is not identifed under the null hypothesis [J]. Econometrica, 1996, 64.

[138] HANSEN B E. Sample Splitting and Threshold Estimation [J]. Econometrica, 2000, 68.

[139] HAZELL P B R. The appropriate role of agricultural insurance in developing countries[J]. Journal of International Development, 1992, 4(6).

[140] HOROWITZ J K, LICHTENBURG E. Insurance, moral hazard, and chemical use in agriculture[J]. American Journal of Agricultural Economics, 1993,75(4).

[141] JING-FENG X, PU L. Crop insurance, premium subsidy and agricultural output[J]. Journal of Integrative Agriculture, 2014, 13(11).

[142] JOHN Q. Some observations on insurance, bankruptcy and input demand[J]. Journal of Economic Behavior & Organization, 1992, 18(1).

[143] KUMBHAKAR S C. Estimation and decomposition of productivity change when production is not efficient: a panel data approach[J]. Econometric Reviews, 2000(19).

[144] KREMER S, BICK A, NAUTZ D. Inflation and growth: new evidence from a dynamic panel threshold analysis[J]. Empirical Economics, 2009,

44(2).

[145] MISHRA A K, NIMON R W, EL-OSTA H S. Is moral hazard good for the environment? revenue insurance and chemical input use[J].Journal of Environmental Management,2005, 74(1).

[146] MIAO R, HENNESSY D A, FENG H. The effects of crop insurance subsidies and sodsaver on land-use change[J]. ISU General Staff Papers, 2016, 41(2).

[147] MOSLEY P, VERSCHOOR A. Risk attitudes and the "vicious circle of poverty"[J]. European Journal of Development Research, 2005, 17(1).

[148] NELSON C H, LOEHMAN E T. Further toward a theory of agricultural insurance[J]. American Journal of Agricultural Economics, 1987, 69(3).

[149] ORDEN D. Should there be a federal income safety net?[R]. The Agricultural Outlook Forum 2001,Washington D C, 2001.

[150] QUIGGIN J. Some observations on insurance, bankruptcy and input demand[J]. Journal of Economic Behavior & Organization, 1992, 18(1).

[151] RAMASWAMI B. Supply response to agricultural insurance: risk reduction and moral hazard effects[J]. American Journal of Agricultural Economics, 1993, 75(4).

[152] ROLL K H. Moral hazard: the effect of insurance on risk and efficiency[J]. Agricultural Economics, 2019, 50(3).

[153] SALAZAR C, JAIME M, PINTO C, et al. Interaction between crop insurance and technology adoption decisions: The case of wheat farmers in chile[J]. Australian Journal of Agricultural and Resource Economics, 2019, 63(3).

[154] SELLARS S C, THOMPSON N M, WETZSTEIN M E, et al. Does crop insurance inhibit climate change technology adoption?[J]. Mitigation and Adaptation Strategies for Global Change, 2022, 27(3).

[155] SEO M H, SHIN Y. Dynamic panels with threshold effect and endogeneity[J]. Journal of Econometrics, 2016,195(2).

[156] SOLOW R M. Technical change and the aggregate production function[J]. Review of Economics, 1957,39(3).

[157] SMITH V H, GOODWIN B K. Crop insurance, moral hazard, and agricultural chemical use[J]. Social Science Electronic Publishing, 1996, 78(2).

[158] TAYLOR J E, LOPEZ-FELDMAN A. Does migration make rural households more productive? evidence from mexico[J]. Journal of Development Studies, 2010, 46(1).

[159] TURVEY C G. An economic analysis of alternative farm revenue insurance policies[J]. Canadian Journal of Agricultural Economics/revue Canadienne Dagroeconomie, 1992, 40(3).

[160] TURVEY C G, HOY M, ISLAM Z. The role of ex ante regulations in addressing problems of moral hazard in agricultural insurance[J]. Agricultural Finance Review, 2002, 62(2).

[161] VROEGE W, DALHAUS T, FINGER R. Index insurances for grasslandsa review for Europe and North-America[J]. Agricultural Systems, 2019, 168.

[162] WEBER J, KEY N, O DONOGHUE E. Does federal crop insurance make environmental externalities from agriculture worse?[J]. Journal of the Association of Environmental and Resource Economists, 2016, 3(3).

[163] WILLIAMS J R. A stochastic dominance analysis of tillage and crop insurance practices in a semiarid region[J]. American Journal of Agricultural Economics, 1988, 70(1).

[164] WONG H L, WEI X, KAHSAY H B, et al. Effects of input vouchers and rainfall insurance on agricultural production and household welfare:

Experimental evidence from northern Ethiopia[J]. World Development, 2020, 135.

[165] YE T, YOKOMATSU M, OKADA N. Agricultural production behavior under premium subsidy: incorporating crop price when subsistence constraint holds[J]. International Journal of Disaster Risk Science, 2012, 3(3).

[166] YOUNG C E, VANDEVEER M L, SCHNEPF R D. Production and price impacts of U.S. crop insurance programs[J]. American Journal of Agricultural Economics, 2001, 83(5).

[167] WU G L. Capital misallocation in China: financial frictions or policy distortions?[J]. Journal of Development Economics, 2018, 130.